Михаил ШИШКИН

МОИ

ЭССЕ О РУССКОЙ ЛИТЕРАТУРЕ

2024

Любое использование материала данной книги, полностью или частично, без разрешения правообладателя запрещается.

МОИ. Эссе о русской литературе / Михаил Шишкин. – BAbook, 2024. – 207 с.: ил.

ISBN 978-1-965369-01-2

© Михаил Шишкин, 2024
© BAbook, 2024

Что не так в мире, созданном кириллицей?

Зачем литература, если она не спасла ни от ГУЛАГа, ни от СВО?

Художник остро чувствует то, что будет. Черный квадрат Малевича — это увиденное им будущее, в котором была первая мировая война, гражданская, ГУЛАГ.

Думаю, не я один чувствую сейчас Россию как черный квадрат.

Русской культуре, как сто лет назад, ломают хребет.

Литературе в конце концов все пойдет на пользу, даже сломанный хребет. Без Колымы не было бы «Колымских рассказов». Судьба писателей литературе безразлична, ей важны лишь тексты. Тексты будут рождаться, пока жив язык.

Но зачем литература?

Михаил Шишкин

Оглавление

«Не мог понять он нашей славы…» 5
    Мой Пушкин

О мертвых душах и живых носах 19
    Мой Гоголь

Великий русский триллер 37
    Мой Гончаров

«Красоте не нужно бесконечно жить,
чтобы быть вечной…» 57
    Мой Тургенев

Русская идея 75
    Мой Достоевский

Толстой и смерть 99
    Мой Толстой

Чайка в овраге 119
    Мой Чехов

Возражение Пришвина 133
    Мой Пришвин

Бегун и корабль 149
    Мой Шаров

Вместо предисловия 189
    Мой Рагозин

Молчание наотмашь 199
    Вместо послесловия

«НЕ МОГ ПОНЯТЬ ОН НАШЕЙ СЛАВЫ...»

Мой Пушкин

Переводной Пушкин напоминает раскопанную археологами и выставленную для обозрения статую бога. Еще есть игра линий, рельефность мускулов, но нет главного – трепета перед божественным.

Перевод – фильтр. Жидкость просачивается, гуща остается. Что же такое – сакральная гуща Пушкина, которой русские вот уже без малого два столетия пытаются поделиться с миром – и не могут?

Сделать невозможное – перевести «Евгения Онегина» – было по плечу, пожалуй, лишь Набокову, но даже его постигла неудача. Неудача счастливая, потому что мир имеет теперь четыре тома подробных комментариев к каждой строке пушкинского романа. Комментарии у западного читателя есть, Пушкина – нет.

Пушкин – это рождение культурного героя, дающего правила поведения пробуждающейся нации.

* * *

Московский улус Золотой Орды проспал Возрождение и Реформацию. Русское сознание проснулось лишь в век Просвещения и обнаружило себя образованным барином в окружении рабов. «Я взглянул окрест меня – душа моя страданиями человеческими уязвлена стала...»

Извечные враги – Запад, Восток, Юг и Север. Москва насытила души бояр и холопов, объявив себя ковчегом истинной веры в океане неверных и сделав служение царю и отечеству залогом спасения.

В то время, когда на Западе Шекспир уже записывал монолог Гамлета, писателей и поэтов в России еще вообще не было. Были цари и юродивые. Эти были от Бога. Все остальные только исполняли, что прикажет начальство. Начальство приказывало воевать.

Для войны православному ковчегу нужно было то, чего не могли дать холопы – новейшие военные технологии. Петр позвал из Европы пушкарей – приехали люди. Изящный образ «окна в Европу» придумали писатели (Francesco Algarotti в книге "Lettere sulla Russia" 1759 г.).

Петр прорубил не окно, но пробоину в днище. Современные технологии требуют образования, образование неминуемо влечет за собой понятие о свободе личности.

С европейцами из XVIII века в Россию хлынули чужие слова и нездешние понятия: Liberté, Égalité, Fraternité. Новые русские слова придумывали литераторы: общественность, гражданские права, конституция, литература, человеческое достоинство.

Рождение Пушкина длилось целый век. Первые русские поэты носили мундиры и писали оды императрицам. Но слова-европейцы вгрызались в сознание и разъедали холопство. За несколько поколений слова сделали главную русскую революцию – превратили нацию в сиамских близнецов: тело одно, а головы больше не понимают друг друга. С тех пор в России сосуществуют два народа, говорящих по-русски, но на разных языках. Одна голова напичкана европейским образованием, либеральными идеями и представлениями, что Россия принадлежит общечеловеческой цивилизации. Эта голова не хочет пресмыкаться, требует себе свобод, прав и конституции. У другой головы свой образ мира: святая Русь – это ковчег в океане врагов, и только Отец в Кремле может спасти страну и народ.

Моя Россия родилась с Пушкиным. Забавно, моя Россия есть, а названия у нее нет. Кто это? «Русские европейцы»? «Гнилая интеллигенция»? Очкарики? Дерьмократы? Нацпредатели? Те, кого «черт догадал родиться в России с душою и с талантом»?

XVIII век – эпоха ученичества, переводов и переложений. Пушкин – последний ученический акт подросшей русской литературы, ее выпускная дипломная работа и в то же время прорыв, откровение для подросшего русского читателя.

«Евгений Онегин» не просто роман в стихах, но священная книга русских. Ее первая строчка «Мой дядя самых честных правил…» заставляет русское сердце биться сильнее, чем «В начале было слово», потому что можно прожить в «христианской» России всю жизнь и не знать «Отче наш», но нет русского, который не продолжит: «…когда не в шутку занемог…» Это наша система оповещения «свой-чужой».

Яркая этикетка, прилепленная Белинским, вот уже почти два столетия вносит путаницу. Энциклопедия подразумевает целостность, всеохватность изображения. «Энциклопедия русской жизни» зияет лакунами. Где извечные гоголевские хари? Где объявления о продажах людей и скота? Где неизбывные начальственное хамство и холуйское чинопочитание? Где реалии настоящего русского мира? Эта «энциклопедия» напоминает скорее ряд пасторальных картинок, чем зеркало отечественной жизни. Пушкин и не стремился к всеохватности своей картины. Разоблачения ужасов крепостного права он оставил последующим поколениям писателей. «Евгений Онегин» – первый русский текст о самом главном. «Евгений Онегин» – о человеческом достоинстве. В России его мало, и стоит оно дорого.

«Евгений Онегин» задумывался как озорное подражание Байрону и Стерну на языке, еще ничего не давшем мировой культуре. Семь лет рождения романа стали рождением русской литературы. Тургенев писал о Пушкине, что «ему одному пришлось исполнить две работы, в других странах разделенные целым столетием и более, а именно: установить язык и создать литературу». Но Пушкин сделал еще более важное: он совершил переворот в отечественном сознании, изменив иерархию русских ценностей.

С Пушкиным нарождающаяся в России культура догоняет культуру метрополии, вступает в общее движение человечества от ценностей клана, рода, племени к ценностям индивидуальной личности. С Пушкиным Россия наверстывала упущенное. Возрождение пробудило в средневековом человеке человеческое, идеалы античной культуры помогли европейскому сознанию освободиться от церковных догматов. Реформация перевернула представление человека о его месте в мире. Центр нравственной власти сместился: не Ватикан и не инквизиция решают, что хорошо и что плохо, а лишь Бог в твоем сердце.

В стране, где критерием истины всегда было начальство, века Ренессанса и Реформации исторический календарь уместил в Пушкине. Выбор пал на поэта. Пробудившееся сознание новой России искало себе язык выражения. Чтобы понять себя, нужно было найти слова. Кто мы? Откуда? Зачем? Почему мы окружены врагами и должны умирать за царя и отечество? Как можно жить с чувством собственного достоинства в стране холопов? Пушкин дал ответ на эти вопросы и своими текстами, и своей жизнью.

Пушкин стал нравственной мерой новой России. Именно это имел в виду запойный пьяница Аполлон Григорьев, написав слова «наше все»: «Вообще же не только в мире художественных, но и в мире общественных и нравственных наших сочувствий – Пушкин есть первый и полный представитель нашей физиономии». И дальше в свой знаменитой статье «Взгляд на русскую литературу со смерти Пушкина» он говорит: «Для нашей русской натуры он все более и более будет становиться меркою принципов. В нем заключается все наше – все, от отношений, совершенно двойственных, нашего сознания к Петру и его делу – до наших тщетных усилий насильственно создать в себе и утвердить в душе обаятельные призраки и идеалы чужой жизни, до нашей столь же тщетной теперешней борьбы с этими идеалами и столь же тщетных усилий вовсе от них оторваться и заменить их чисто отрицательными и смиренными идеалами. И все истинные, правдивые стремления современной нашей литературы находятся в духовном родстве с пушкинскими стремлениями, от них по прямой линии ведут свое начало».

Пирамиде власти, во главе которой царь вершит судьбами народов и каждого подданного, Пушкин противопоставил альтернативную пирамиду, во главе которой стоит поэт. Парадигма царь – юродивый сменилась противопоставлением царь – поэт. Всевластию традиционной русской системы, для которой человек, по выражению Петра I, «солдат отечества», а в формулировке Берии «лагерная пыль», Пушкин противопоставил другую, еще неизвестную до него в России власть – власть свободного творческого духа. Иерархии холопского сознания, в которой все зависит от чина, отныне противостоит другая иерархия, никем не узаконенная, но всеми признаваемая:

Я памятник воздвиг себе нерукотворный,
К нему не зарастет народная тропа,
Вознесся выше он главою непокорной
Александрийского столпа.

Эти строчки стали декларацией независимости поэта, провозглашением другой России, независимой от солдафонского единоначалия. Пушкин никогда бы не сказал: «Поэт в России больше, чем поэт». Всем своим творчеством и своей жизнью он сформулировал главную русскую ересь: поэт в России больше, чем царь.

Но возникшее двоевластие неминуемо приводило к конфликту: как сосуществовать двум властям, данным от Бога? Двоевластие в России всегда приводит к смуте и крови – пугачевщина, Сенатская площадь. Власть в России невзлюбила поэтов, потому что, начиная с Пушкина, они – неподвластная режиму, такая же никем не избранная, назначенная свыше власть в границах той же империи. Подданные должны безмолвствовать. Безмолвствию противостоит только свободное слово.

Один из позвонков русской истории: новый царь вызвал ссыльного поэта в Кремль во время своего венчания на царство и спросил, с кем тот был бы во время мятежа. Разговор в тени виселицы. Пушкин честно ответил: «С моими друзьями». Царь мог бы уничтожить своего врага росчерком пера. Поэта всегда можно убить, но его власть – не в бренном теле. В умении уничтожать безоружных врагов русская власть мудра и изворотлива. Николай объявил себя Первым читателем Первого поэта. С того кремлевского разговора поэта с царем берет начало двоецарствие в русском сознании.

* * *

Муза юного Пушкина – муза тираноборческая, или, по современной терминологии, террористическая. Друзья Пушкина переписывали друг у друга «Кинжал» и готовили цареубийство. «Евгений Онегин» был начат одним Пушкиным, закончен совершенно другим. Прежнего Пушкина – автора «Кинжала» – уже не было. Юный поэт воспевал насилие как путь к свободе. Зрелый Пушкин знал, что этот путь никуда не ведет.

Изучение истории России, ее царей и народных бунтов, его здоровое чувство реальности привело поэта к выводу, что худшее, что может произойти с Россией – это революция, насильственное уничтожение порядка, «бессмысленный и беспощадный» бунт холопов. В России альтернатива крепкой власти – не демократия, а лишь кровавый хаос. Слабость государства приведет не к демократическому самоустройству общества снизу, а к анархии, в которой первой погибнет культура. И воскрешением порядка займется еще более жестокая диктатура. Пушкин как будто предвидел то, что произойдет с Россией в XX веке. Он изучал историю Пугачевского бунта и хорошо понимал, что в русской революции первыми будут гореть книги. Именно ордынская власть в России, как это ни горько, является гарантом существования и частной жизни, и европейской культуры: «...Правительство все еще единственный европеец в России. И сколь бы грубо и цинично оно ни было, от него зависело бы стать сто крат хуже. Никто не обратил бы на это ни малейшего внимания». Написав историю Пугачевского бунта, Пушкин мог легко представить себе, что крепостные Лариных, дойди Пугачев до их имения, повесили бы на воротах своих хозяев и не пришлось бы Татьяне писать письмо Онегину.

Внучка Пушкина выйдет замуж за племянника Гоголя – так классики породнятся в вечности. Из воспоминаний их дочери, Софьи Данилевской: «В 1918 году в наше имение Васильевку, которое раньше принадлежало матери Гоголя, ворвались чекисты. Они крушили и жгли все на своем пути... Мать Сережи и его бабушка закрыли собой перепуганного от сна ребенка. Прибежал на защиту, в офицерской шинели и мой брат Александр. Просил бандитов не расстреливать ребенка. Тогда варвары расстреляли его и ворвались в дом родителей Гоголя. Злобствуя, они растрощили сапогами мебель, порубали саблями все портреты предков гения, которые висели в гостиной. На портрете Марии Ивановны, матери писателя, они выкололи глаза. Книги, что хранились во флигеле, выбросили во двор и подожгли. Но шел дождь, и они плохо горели. Тогда крестьяне разобрали по домам иконы и книги Гоголя, но они не пригодились в хозяйстве, потому что были очень малого размера. Ими нельзя было прикрыть ни макитру, ни казанок, нельзя было поставить на них сковородку. Гоголь любил читать в дороге, поэтому покупал книги, которые бы умещались в его кармане...»

* * *

1831-й год. Год восстания поляков и год окончания «Евгения Онегина». Поляки сражаются с царскими войсками «за вашу и нашу свободу», Пушкин пишет «Клеветникам России».

Вяземский: «Как огорчили меня эти стихи! Власть, государственный порядок часто должны исполнять печальные, кровавые обязанности, но у Поэта, слава Богу, нет обязанности их воспевать».

«...По правилу Народности должна Россия даровать Польше независимое существование», – писал Пестель в «Русской правде».

Пушкина декабристов больше не было. Пушкин был против независимости Польши, как он был против любого насильственного разрушения существующего порядка. Тот, кто воспевал Брута, ужаснулся бессмысленной гибели своих друзей, повешенных как цареубийц. Ему стало очевидно, что любой переворот, любое восстание, обещающее свободу через убийство, лишь откроет шлюзы крови, поднимет бурю «бессмысленного и беспощадного». Пушкина искренне возмущали те, кто призывал к европейской революции, к мятежам и потрясениям и в своих странах, и в России. «Народные витии» призывали к революционной войне с империей зла – Россией, не понимая ни ее народа, ни ее «правительства-европейца». Только что прошедшие холерные бунты, когда докторов зверски истязали, найдя у них «холеру в кармане», лишний раз убедили его в крайней опасности «народоправия».

Между правительством, охраняющим порядок, и бунтом Пушкин выбрал правительство, «единственного европейца в России».

Это стихотворение дает повод поколениям и «патриотов», и «врагов отечества» одним с гордостью, другим с негодованием называть поэта выразителем «русского имперского духа».

Это была его трагедия. Это была трагедия многих русских поэтов. Безысходность: в России нельзя быть ни с властью, ни против власти. И то и другое губительно.

Приближенность к источнику власти – мечта и смысл существования в традиционной русской системе ценностей. Заиметь личным цензором самодержца – предел мечтаний имперских литераторов что при Николае, что при Сталине. Для Пушкина это – удавка. Он не мог ни поехать куда-либо, ни жениться без высочайшего разрешения, переданного через Бенкендорфа. Весь «свет», все друзья и знакомые Пушкина много времени проводили в заграничных путешествиях. Пушкин страстно мечтал уехать за границу, но на его прошения главный жандарм передавал отказы царя. Оскорбительным было даже его камер-юнкерство как пропуск на придворные балы для жены. Его держали в узде. Объятия империи для поэта ненамного лучше гонений.

Пушкин был заложником власти, которая, с одной стороны, делала кнутом цивилизацию в стране озлобленных рабов возможной, а с другой, ненавидела свободное слово, не давала культуре дышать. Собственное государство было, да и остается через столетия главным врагом страны. По формулировке Герцена: «Государство расположилось в России, как оккупационная армия».

«Представителя имперского духа» Пушкина империя душила в своих объятиях. Поэт мучительно искал выход из этих объятий и нашел его только в смерти.

Смерть стала его последней заповедью. До него русские стихотворцы еще не знали, что смерть – это последний текст. Свой конец, убийство поэта на дуэли, Пушкин предвосхитил – с присущей ему самоиронией – в «Евгении Онегине». И Ленский, и его создатель могли избежать дуэли, но для обоих это была единственная возможность защитить чувство собственного достоинства.

Каждый русский поэт ведет с Пушкиным пожизненный диалог. «Я люблю вас, но живого, а не мумию». Задушенный чекистскими объятиями Маяковский заканчивает разговор дуэлью с собой. Пушкин спас Маяковского этим выстрелом.

Может быть, это главный урок, который дал Пушкин: смысл жизни не в выживании, а в сохранении человеческого достоинства. Защитить честь и достоинство можно только всей своей жизнью. Оставаться самим собой до конца. Этому нельзя научить. Это можно только показать. Он показал это в поединке на Черной речке.

* * *

Пойдя за коммунистами в начале XX века, русские отказались от Христа, но «сбросить Пушкина с парохода современности», как призывали революционные поэты, оказалось невозможно. Здесь рука была поднята на действительно святое.

В России произошло именно то, чего боялся и что предвидел зрелый Пушкин. Страна рухнула в свободу, обернувшуюся кровавым хаосом. Первым делом заполыхали библиотеки. И для возвращения порядка понадобилась невиданная по жестокости диктатура.

Со времен Пушкина и Николая I земному царю уже недостаточно быть помазанником Божьим, власть правителя еще должна быть освящена и литературой, второй русской властью, именно поэтому при Сталине режим так заботился об увековечивании памяти русских классиков. Если православные цари основывали право владеть телами и душами своих подданных законами неба, то коммунисты легитимировали диктатуру партии «научными» тезисами: «Учение Маркса всесильно, потому что оно верно». Однако по-настоящему «освятить» власть в России могли только поэты и писатели. Устанавливая везде памятники классикам, тюремное государство стремилось показать себя праведным. Своими мраморными изваяниями классики символически поддерживали превращение всей страны в ГУЛАГ. Ритуальное поклонение великим гуманистам отбрасывало отсвет гуманности и на сам режим.

Всенародный лагерь пытался путем поклонения Пушкину получить от него «духовную» легитимацию.

В 1937 году трясущиеся от страха вожди заявили со всех юбилейных трибун: «Был вашим, стал нашим!» Патриотический треск вокруг Пушкина, поднятый по указу политбюро, должен был заглушать треск расстрелов. Кто сомневается, что «наше все» пошло бы по 58-й вместе с Толстым, Достоевским и другими, доживи они, по делу о каком-нибудь «заговоре классиков»? И их тексты исчезли бы для страны, как исчезли тексты Бунина, Мандельштама, Бабеля, Платонова.

Какой-то злобный Дионис дал русской власти способность превращать все, к чему она прикоснется, в такое же смердящее, как она сама. Калининская областная газета «Пролетарская правда»: «18 февраля – день погребения Пушкина – будет ознаменовано в Пушкинском районе большими торжествами. Из Москвы, Ленинграда, со всех концов страны сюда приедут делегации рабочих, колхозников, красноармейцев, научных работников. <...> Перед домом поэта будет проведен митинг, в котором примут участие приехавшие в Пушкинские Горы делегации и колхозники, которые съедутся на торжества со всего района. Около двух часов будет открыт парад-карнавал. Все участники карнавала будут одеты в костюмы пушкинских героев. <...>

15 февраля было созвано совещание самых старых колхозников-пушкинистов, на котором еще раз была продемонстрирована огромная любовь советского народа к своему любимому поэту. Станция "Тригорское", домá в поселке Пушкинские Горы и избы окрестных

колхозников украшены зеленью, гирляндами хвои, красными полотнищами, портретами Пушкина. Всюду – щиты с цитатами из трудов товарищей Ленина и Сталина об освоении культурного наследства прошлого, с выдержками из пушкинских стихов».

Как выглядел пушкинский «парад-карнавал», вспоминал Виктор Шкловский: «Зимой в 1937 году вместе с другими товарищами поехал я на пушкинские торжества в село Михайловское. <…> Колхозники устроили маскарад на льду. Проходила Татьяна Ларина, надевшая ампирное платье на тулуп. Шли богатыри, царица-лебедь, в кибитке ехал с синей лентой через плечо бородатый крестьянин Емельян Пугачев, рядом с ним ехала сирота Маша Миронова – капитанская дочка. И за ними на тачанке, гремящей бубенцами, с Петькой ехал, командуя пулеметом, Чапаев. Я спросил устроителя шествия – ведь про Чапаева Пушкин не писал? – А для нас это все одно, – ответил мне колхозник».

Убитого на дуэли поэта добивали штампами и советской пошлостью. Власть задушила население казенной любовью к «нашему всему», население ответило анекдотами и знаменитой идиомой, впервые записанной Булгаковым в «Мастере и Маргарите»: «Никанор Иванович до своего сна совершенно не знал произведений поэта Пушкина, но самого его знал прекрасно и ежедневно по нескольку раз произносил фразы вроде: "А за квартиру Пушкин платить будет?" Или "Лампочку на лестнице, стало быть, Пушкин вывинтил?"»

Пушкин из Хармса – карикатура на поэта или на смердящую идеологию? Хармс вступился за Пушкина, написав пародию на образ, возникший в массовом народном сознании по приказу славословить Пушкина как нерукотворное начальство.

И все же для замордованной страны Пушкин оставался тайным культом свободы. В мире есть свобода и несвобода. В русском мире есть еще тайная свобода. Ее сформулировал в своей пушкинской речи за несколько месяцев до мучительной смерти Александр Блок, проклявший «Двенадцать» и безуспешно пытавшийся вырваться от советской «черни» в Европу. Ничего, кроме тайной свободы, в России не оставалось. О том, что пушкинское имя станет тайным кодом в надвигающемся варварстве, говорил тогда же в феврале 1921 года и Ходасевич: «И наше желание сделать день смерти Пушкина днем всенародного празднования отчасти, мне думается, подсказано тем же предчувствием: это мы уславливаемся, каким именем нам аукаться, как нам перекликаться в надвигающемся мраке».

Поколения перекликались Пушкиным. В мире бесконечной лжи, битком набитом словесной трухой, страхом, пошлостью, унижениями, Пушкин оставался настоящим. Наши школьные учителя литературы учили нас спасительному двоемыслию, что можно говорить, а что только думать, они преподавали нам уроки выживания: кесарю кесарево, а детям — Пушкина. Именно этот Пушкин стал нашим всем. Пушкина нельзя выбрать, чтобы полюбить. Он приходит изначально, с родителями, снегом, звездами, сказками. Каждое русское детство — в горсти у Пушкина.

Официальная канонизация сверху совпала с канонизацией снизу. Пушкин был лагерным тайным культом свободы, поощряемым начальством зоны. Жизнь его стала житием. Стихи его целебны для души — так раньше лечились прикосновением к святым мощам.

Объясняя, почему Пушкин «наше все», по привычке долдонят, что он создал современный русский литературный язык, что он стал писать просто и понятно. Но это миф. Язык после Пушкина менялся стремительно. Разница в языке между нами и языком Пушкина значительнее, чем между языком Пушкина и его предшественников. Школьники не понимают в «Евгении Онегине» и половины слов. Но именно это делает язык Пушкина сакральным. Как в храме в церковнославянском языке важно не столько понимание, сколько нездешнее возвышенное звучание и вера в божественность, так именно в нездешности языка «Евгения Онегина» кроется его притягательность и тайна.

Красное словцо «Пушкин — наше все» кажется бессмысленным на первый взгляд, поскольку неясно, кто эти «мы», но именно эта формула уже давно определяет русскую культурную парадигму. Пушкин связывает собой русский мир. Абсолютно все: западники и славянофилы, патриоты и нацпредатели, друзья и враги, пропойцы и коллекционеры градусников — считают Пушкина своим.

Исторические аватарки в России меняются — то «православие, самодержавие, народность», то «за родину, за Сталина», то «управляемая демократия», но пользователь остается прежний. Московский улус Золотой орды, возомнивший себя Третьим Римом. Время от времени происходит историческая линька. Слова, как шерсть, выпадают, вырастают новые, но на обмен веществ в организме это никак не влияет.

Новая Россия, «поднявшаяся с колен» – это особая, языковая империя. Придуманный генштабом «русский мир» ничего, кроме русского языка, не объединяет. Поэтому снова они ухватились за «наше всё». «Борец с самодержавием» в официальной пропаганде превратился в «друга монархии», на него наряжают имперские доспехи и пихают на геополитическую передовую. Его бюсты расставляют как знаки – здесь власть имперского сапога.

Поэт остается основной массой населения непрочитанным, непрочувствованным и непонятым. Можно вызубрить в школе: «Пока свободою горим, пока сердца для чести живы…» – и потом всю жизнь прислуживать бандитскому начальству. Как объяснить юным читательницам, почему Татьяна отвергла любовь Онегина, если хит продаж – «Дневник по соблазнению миллиардера»? «Паситесь, мирные народы! Вас не разбудит чести клич, – повторяют мирные народы из поколения в поколение. – К чему стадам дары свободы? Их должно резать или стричь. Наследство их из рода в роды Ярмо с гремушками да бич», – и пасутся дальше, лаская свой слух гремушками и гордясь мощью хозяйского бича. И идут на заклание.

Когда Борису Пастернаку в тридцатые годы принесли на подпись письмо с требованием расстрела «врагов народа», беременная жена валялась у него в ногах, умоляя, чтобы он подписал – ради ребенка. Он сказал: «Если я подпишу, я буду другим человеком. А судьба ребенка от другого человека меня не волнует».

Это не героизм, это что-то другое. Невозможность перестать быть собой.

Каждый отвечает себе самому на вопрос: выходить ли на площадь без надежды на победу?

«Семь человек на Красной площади – это, по крайней мере, семь причин, по которым мы уже никогда не сможем ненавидеть русских», – написал один чешский журналист о демонстрантах 68-года. В тот августовский день они шли к Лобному месту защитить свою честь. Они вышли на площадь и погубили свои жизни потому, что у них не было иной возможности защитить чувство собственного достоинства.

От Черной речки протянута нить до Лобного места и ведет дальше – через колонию «Полярный волк» в Харпе – в будущее.

О МЕРТВЫХ ДУШАХ И ЖИВЫХ НОСАХ

Мой Гоголь

Соотечественники! страшно!
Гоголь, Завещание

Фрейд еще не родился. В лавках Москвы и Петербурга продавали лубки – русские народные комиксы – про нос, сбежавший от пьяницы и наказанный морозом. А среди светской молодежи того времени ходили по рукам скабрезные картинки, на которых изображался фаллос, прогуливающийся по столице империи пешком и в карете – в генеральском мундире при орденах и лентах. 25-летний Гоголь, окрыленный успехом первых публикаций, написал для своих друзей Шевырева и Погодина, собиравшихся выпускать журнал «Московский наблюдатель», историю про сбежавший нос. Те с возмущением отвергли переписанный Гоголем неприличный анекдот, назвав его повесть «грязной, пошлой и тривиальной». Тогда Пушкин издал «Нос» в своем «Современнике» в 1836 году с примечанием: «Н.В. Гоголь долго не соглашался на напечатание этой шутки, но мы нашли в ней так много неожиданного, фантастического, веселого, оригинального, что уговорили его позволить нам поделиться с публикою удовольствием, которое доставила нам его рукопись. Изд.» Такова вкратце история появления гоголевского «Носа».

Шостакович: «"Нос" – ужасная история, а не смешная. Разве может быть смешным засилье полицейщины? Куда ни ткнись – всюду полицейский. Шагу не ступи. Бумажки не выкинь. И толпа в "Носе" тоже не смешная. По отдельности они вроде бы ничего, только со странностями. А вместе – свора. Кого хочешь затравят».

Гоголь и его восприятие – главное недоразумение русской литературы. Все его тексты – русская Книга Мертвых, а его поставили на полку юмористики.

До Пушкина и Гоголя отечественная словесность – ребенок, подросток, прилежно переписывающий французские уроки. Но ребенок вырастает и задается вопросами бытия.

Гоголь увидел Россию и ужаснулся. «О, какое презренное, какое низкое состояние… дыбом волос подымается. Люди, рожденные для оплеухи…» (из письма Погодину).

В его книгах нет ни одного живого человека, исполненного достоинства – лишь маски, хари. Нелюди, рожденные для оплеухи. Проза Гоголя – сплошная оплеуха.

От этой оплеухи, может, и все недоразумение. Оплеуха – всегда смешно. Цирк!

От его текстов веет звериной тоской, которой проникнута вся русская рабская жизнь. Юморист не напишет таких слов: «Боже! пусто и страшно становится в Твоем мире!»

Не случайно в гоголевских текстах нет живого человека, как нет и не может его быть там, где люди лишь «винтики» гигантской машины подавления, где все представляют собой ценность только пока имеют какой-то чин. Страшнее потери носа для майора Ковалева – потеря чина, во все времена заменяющего в России самого человека.

Для Гоголя страшнее рабства официального было рабство в душе каждого соотечественника. Невозможность сохранить человеческое достоинство. Хамство, сопровождавшее русского человека с пеленок до гроба. Унижение, которое приходится испытывать на каждом шагу, особенно если ты не хочешь быть таким, как все в государстве-казарме. Произвол чиновников, казнокрадство, взяточничество, беззаконие, продажность судов, презрение к личности из поколения в поколение создавали ненавистные Гоголю хари. Люди с живой душой не выживают в такой среде. Омертвение души – способ выживания в России.

В «Носе» сформулирована русская константа отношений между властью и народом во все времена и при всех режимах:

– Скажи-ка, что ты там делал, стоя на мосту? – спрашивает квартальный прохожего.

– Ей-Богу, сударь, ходил брить, да посмотрел только, шибко ли река идет.

– Врешь, врешь! Этим не отделаешься.

Собственное государство – главный враг и мучитель, перед которым человек будет всегда хоть в чем-то, да виноват. От отечества, отгрызающего головы своим лучшим детям, «не отделаешься».

Родина обернулась тюрьмой, где люди с чувством собственного достоинства обречены. Любимая мать оказалась оборотнем – чудовищем, палачом, зверем, вызывающим ужас и содрогание. Когда писалась шутка о сбежавшем носе, не прошло и двух лет, как было утоплено в крови польское восстание, поднявшееся «за вашу и нашу свободу», еще сидели в сибирской ссылке друзья Пушкина, еще покачивались над страной тени повешенных декабристов.

Так жить нельзя – после Гоголя это главный лейтмотив русской жизни на протяжении всех последующих поколений.

Ковалевы и их цирюльники, квартальные и штаб-офицерши топчут улицы Петербурга, города-символа, столицы, построенной на болоте и костях рабов. Болотные духи не отпускают. Но с ними свыклись, ибо жители сами превратились в болотных духов. В городе, названном именем святого Петра, ключника рая, никто ни о рае, ни о Христе не помнит. В городе царят душевная пустота и бесконечное взаимное унижение.

В библейские времена на землю посылались пророки, обличавшие мелочность духа, взывавшие к людям вспомнить об их божественной сущности.

Гоголь посылает на землю нос, вопиющий в петербуржской пустыне: люди, где вы? Опомнитесь! Что вы делаете! Как вы живете? На что тратите свою бесценную жизнь? Где ваше человеческое достоинство? Где ваши высшие помыслы? Глас вопиющего носа в пустыне.

Наличие носа – символ обычного хода вещей, прозябания, бессмысленного продвижения к смерти. Побег носа – возможность взглянуть на обыденное по-другому. Шанс оглянуться, задуматься, ужаснуться, опомниться. Побег носа вырывает майора Ковалева из лап тошнотворного быта.

В повести указаны точные даты начала и конца событий, но на самом деле все происходит 86 мартобря. Это дата, упразднившая время в «Записках сумасшедшего», которые писались одновременно с «Носом». Нос убегает из времени в пространство искусства, не подвластное более календарю.

В бесчеловечном пространстве гоголевской повести единственное человеческое – нос, потому что он вырвался из круговорота людской пустоты и живет не по удушливым законам реальной жизни, а по закону искусства. Побег носа – взрыв творческой энергии, фантазии, прорыв в бессмертное.

Побег носа – взгляд художника на реальность через призму смерти. В одном письме друзьям Гоголь напишет: «Клянусь, непостижимо странна судьба всего хорошего на земле! Едва только оно успеет показаться, – и тот же час смерть, безжалостная, неумолимая смерть! Я ни во что теперь не верю, и если встречаю что прекрасное, тотчас же жмурю глаза и стараюсь не глядеть на него. От него несет мне запахом могилы». Это проклятие и привилегия художника – жить и чувствовать, как от всего несет «запахом могилы».

Нос, убегая из реальности и унося в свое мартобря Ковалева, хочет лишь, чтобы и тот почувствовал, как от всей его суетной жизни несет «запахом могилы». Нос хочет спасти своего хозяина. Увы. Ковалев не понял, о чем был побег его собственного носа.

Возвращение носа в конце повести возвещает торжество мертвой жизни, поток которой не остановить никакому пророку, даже носу.

История о побеге носа – это притча о силе и бессилии искусства.

«Нос» – это притча о самом Гоголе.

* * *

В своем писательском избранничестве он не сомневался с юных лет. «Слово есть высший подарок Бога человеку». И отвечать за каждое слово придется на Страшном Суде, в который Гоголь свято верил. Он был уверен, что в писании им руководит высшая сила: «Кто-то незримый пишет передо мною могущественным жезлом». Вера в свое великое призвание, в свою свыше предназначенную миссию вела его всю жизнь. Без этой веры в свое слово не может начаться великий писатель.

Писатель начинается с осознания власти своего пера, отправляющего своих героев и себя в вечность, в 86 мартобря. Ведь они все бессмертные – эти Ковалевы, Чичиковы, Собакевичи.

И еще великий писатель начинается с осознания своей ответственности за данную ему свыше власть. И Гоголь ужаснулся тем монстрам, тому убожеству, которым он даровал вечную жизнь.

Перо Гоголя с чудовищной силой изобразило его ощущение от русской реальности и содрогнулось.

Эта Россия вызывала отвращение. Другой реальности не было.

Его перо написало отечеству приговор, а сыновье сердце, сжимаясь от боли, так хотело написать оправдание!

Гоголь – первый писатель, который как заклинание, стал твердить главную русскую молитву: в Россию нужно верить, Россию нужно любить. Не разрушать, но верить, не ненавидеть, но любить.

Сколько русских сердец замирало, читая знаменитые строчки про Русь-тройку!

«Не так ли и ты, Русь, что бойкая необгонимая тройка несёшься? Дымом дымится под тобою дорога, гремят мосты, все отстает и остается позади… Русь, куда ж несешься ты? дай ответ. Не дает ответа. Чудным звоном заливается колокольчик; гремит и становится ветром разорванный в куски воздух; летит мимо все, что ни есть на земле, и, косясь, постораниваются и дают ей дорогу другие народы и государства».

Эти волшебные строки заставляли поколения русских верить в Россию, если не в ее настоящее, так хотя бы в будущее. «Русь, куда ж несёшься ты, дай ответ!» А Русь-тройка неслась в преисподню. Куда еще могла нестись бричка, которая везла Чичикова, его автора и всю русскую историю – только в реальное будущее, только в катастрофу XX века.

«Соотечественники! Страшно!.. – напишет Гоголь в завещании. – Замирает от ужаса душа при одном только предслышании загробного величия и тех духовных высших творений Бога, перед которыми пыль все величие Его творений, здесь нами зримых… Стонет весь умирающий состав мой, чуя исполинские возрастания и плоды, которых семена мы сеяли в жизни, не прозревая и не слыша, какие страшилища от нас подымутся…»

И страшилища поднялись. Россия утонула в своей собственной истории, в этом кровавом болоте.

У живущих есть одно великое преимущество – не знать, что случится потом. Пушкин с Гоголем станут родственниками посмертно – сын сестры Гоголя, Николай Быков женится на внучке Пушкина. В 1918 году дом в Васильевке, в котором Гоголь работал над вторым томом «Мертвых душ», разграбят, его книги сожгут, а Николая Быкова с сыном расстреляют. И могилу Гоголя не оставят в покое – из Даниловского монастыря, где похоронили писателя, сделают тюрьму для детей, у которых родители сгинут в лагерях, а саму могилу разорят, памятник выкинут, украдут даже сапоги из гроба.

Гоголь потратил всего себя на то, чтобы написать главную книгу своей жизни. Его перо должно было сделать мертвое живым, показать путь спасения. Он хотел объяснить людям простые вещи. Майоры Ковалевы его не хотели и не могли понять и с гиком гнали Русь-тройку к обрыву.

«Вы хотите написать вторую библию», – сказал Гоголю знакомый после чтения отрывков из второго тома «Мертвых душ».

Ему открылась истина про живую душу, и он хотел донести это до соотечественников. И в майоре Ковалеве, и в Чичикове, и в каждом русском должно было под пером Гоголя умереть мертвое. Писатель испытывал ответственность за свой дар, который должен был воскресить в человеке живое.

До нас дошла молитва, которую читал Гоголь во время работы над «Мертвыми душами»: «Боже, соприсутствуй мне в труде моем, для него же призвал меня в мир… Верю, яко не от моего произволения началось сие самое дело, над ним же работаю во славу Твою. Ты же заронил и первую мысль… Ты же один дашь силы и окончить, все строя ко спасению моему…»

Состояние творчества есть приближение к Творцу через осознание общей работы – создания живой жизни. Жуковскому Гоголь пишет в 1843 году: «Я продолжаю работать, т. е. набрасывать на бумагу хаос, из которого должно произойти создание "Мертвых душ". Труд и терпение и даже приневоливание себя награждают меня много. Такие открывают тайны, которых не слышала дотоле душа, и многое в мире становится после этого труда ясно. Поупражнявшись хотя немного в науке создания, становишься в несколько крат доступнее к прозрению великих тайн Божьего создания и видишь, что, чем дальше уйдет и углубится во что-либо человек, кончит все тем же: одною полною и благодарною молитвою».

От своих ранних текстов, столь полюбившихся читающей публике, Гоголь отрекся. Они не были молитвою. Романтические истории про мертвецов, напичканные фольклорной экзотикой, показались ему глупым кощунством. Перед ним была огромная страна, заселенная живыми мертвецами и их нужно было воскресить, вдохнуть в них душу.

* * *

Эту задачу поставил себе тот, кого читающее общество приняло за сатирика. Кажется, вся жизнь Гоголя состоит из недоразумений и непонимания. Первым главным недоразумением стал «Ревизор». Пьеса казалась убийственной сатирой на весь русский образ жизни, но разрешил ее сам царь. Главный герой пьесы – страх, пронизывающий всех снизу до верху, основа русского существования, но публика дружно смеялась над бахвальством Хлестакова. Почему вся бандитская власть с городничим во главе верит проезжему дурачку? Потому что страх делает слепым. Вопль городничего в конце пьесы – это вопль о русском страхе. Что ж тут смешного?

Хлестаков приехал в город и уехал, но чудовищная жизнь по законам страха остается. Зритель пришел в театр и посмеялся, но потом ему нужно выходить на улицу – в реальность, где правят не комические градоначальники, а реальные, где идет жизнь по одному закону – закону унижения человеческого достоинства.

Второе великое недоразумение – «Мертвые души». Гоголь стал классиком-сатириком русской литературы по первому тому, который должен был служить лишь входом, передней в величественное здание романа. Однако писатель чувствовал в себе призвание и долг написать что-то большее, чем роман.

«Вы коснулись "Мертвых Душ" – писал Гоголь Александре Смирновой-Россет в июле 1845 года, – и говорите, что исполнились сожалением к тому, над чем прежде смеялись. Друг мой, я не люблю моих сочинений, доселе бывших и напечатанных, и особенно "Мертвых Душ". Но вы будете несправедливы, когда будете осуждать за них автора, принимая за карикатуру насмешку над губерниями, так же, как были прежде несправедливы хвалиши. Вовсе не губерния и не несколько уродливых помещиков, и не то, что им приписывают, есть предмет "Мертвых Душ". Это пока еще тайна, которая должна была вдруг, к изумлению всех (ибо ни одна душа из читателей не догадалась), раскрыться в последующих томах, если бы Богу угодно было продлить жизнь мою. Повторяю вам вновь, что это тайна, и ключ от нее покамест в душе у одного автора. Многое, многое, даже из того, что, по-видимому, было обращено ко мне самому, было принято вовсе в другом смысле… Была у меня, точно, гордость, но не моим настоящим, не теми свойствами, которыми владел я; гордость будущим шевелилась в груди, – тем, что представлялось мне впереди, –

счастливым открытием, что можно быть далеко лучше того, чем есть человек».

Вступая в единоборство с Чичиковым, Гоголь знает, с кем борется. Так Иаков знал, кто сломал ему бедро.

Чичиков – сатана. Как Зелиг в фильме Вуди Алена, он с легкостью подстраивается под каждого, с кем имеет дело, принимает черты собеседника – с Маниловым становится Маниловым, с Собакевичем – Собакевичем. Это – способность дьявола становиться каждым из нас. Но это не сатана детских страшилок, а сатана протопопа Аввакума: «Выпросил у Бога светлую Россию сатана, да очервленит ее кровию мученическою».

Эта земля принадлежит ему, он собирает дань со своих подданных. Чичиков – сатана обыденности. Сатана русской жизни в тихие редкие периоды, когда нет войн и революций, лагерей и расстрелов. Примитивный, тупой. Находчивый только в том, как бы словчить и украсть. Сатана банальности в бестиарии. Он такой же, как они. У бестий нет органа для чувства собственного достоинства.

Гоголь вступал в противоборство. Его книга была его оружием.

Все самое важное в жизни – внесловесно. Трагедия писателя – он не находил верных слов, чтобы передать то сокровенное, что открылось ему. Для описания мертвых душ – русских слов было много, для описания живой души слова находились с трудом. Гоголь пытался найти слова для того, чтобы объяснить, что же ему открылось, и все слова звучали впустую.

Именно от этого писатели сжигают свои книги – от отчаяния, от невозможности сказать самое важное. Гоголь сжигал свою главную книгу трижды. Сперва в 1843 году, потом летом 1845. В тот раз писатель почувствовал близкую смерть, позвал священника, чтобы собороваться, и написал завещание. Он продиктовал знаменитые строки о том, чтоб его не хоронили до тех пор, «пока не покажутся явные признаки разложения». Из этой фразы родилась легенда о том, что Гоголь был похоронен заживо.

Все годы работы над вторым томом «Мертвых душ» Гоголь боролся с болезнью, которую никак не могли диагностировать доктора, тем не менее активно предписывавшие больному всевозможные лечения. Его болезнью были «Мертвые души». И связь здесь была прямая:

когда слова приходили – болезнь отступала. Когда отступали слова – приходила болезнь.

Иногда ему казалось, что слова можно взять силой, заставить ложиться на бумагу. Владимир Соллогуб, автор «Тарантаса», вспоминает, как Гоголь учил его: «Пишите, поставьте себе за правило хоть два часа в день сидеть за письменным столом и принуждайте себя писать». – «Да что ж делать, – возражал я, – если не пишется?» – «Ничего... Возьмите перо и пишите: сегодня мне что-то не пишется, сегодня мне что-то не пишется, сегодня мне что-то не пишется и так далее; наконец надоест и напишется». – Сам же он так писал и был всегда недоволен, потому что ожидал от себя чего-то необыкновенного. Я видел, как этот бойкий, светлый ум постепенно туманился в порывах к недостижимой цели».

С каждым написанным словом сопротивление пера автору становилось все сильнее. Перо противилось Гоголю. Сама книга сопротивлялась, не хотела и не могла быть написанной. Писатель еще слепо и упорно искал причину в себе. В 1844 году он пишет из Германии своему другу поэту Николаю Языкову: «Писать не могу по причине совершенного запрещения по поводу приливов крови к голове. За дурным временем я должен был остаться во Франкфурте. Морских купаний нельзя было еще начинать, – тем более, что я как-то сделался склоннее к простуде, чем когда прежде. Ты спрашиваешь, пишутся ли "Мертвые души". И пишутся, и не пишутся. Пишутся слишком медленно и не так, как бы хотел, и препятствия этому часто происходят и от болезни, а еще чаще от меня самого. На каждом шагу и на каждой строчке ощущается такая потребность поумнеть, и притом так самый предмет и дело связаны с моим собственным внутренним воспитанием, что никак не в силах я писать мимо меня самого, а должен ожидать себя. Я иду вперед, – идет и сочинение; я остановился, нейдет и сочинение. Поэтому мне и необходимы бывают часто перемены всех обстоятельств, переезды, обращающие к другим занятиям, не похожим на вседневные, и чтенье таких книг, над которыми воспитывается человек».

Гоголь начинает убеждать себя, что книга не идет из-за того, что он ее еще не достоин. Своему другу и издателю Плетневу он пишет в октябре 1843 года: «Я знаю, что после буду творить полней и даже быстрее, но до этого еще не скоро мне достигнуть. Сочинения мои так тесно связаны с духовным образованием меня самого и такое мне нужно до того времени вынести внутреннее, сильное воспитание душевное, глубокое воспитание, что нельзя и надеяться на скорое появление моих новых сочинений».

Еще он придумал, что его лекарство – дорога. «Не думайте, что с моим здоровьем трудно скитаться по белу свету, как вы пишете. Напротив, я только тогда и чувствовал себя хорошо, когда бывал в дороге. Дорога меня спасала всегда, когда я засиживался долго на месте или попадал в руки докторов, по причине малодушия своего, которые всегда мне вредили, не зная ни на волос моей природы» (из письма Василию Жуковскому в сентябре 1845 года).

Дорога Гоголя – это побег от себя, от необходимости писать. Ему нужно это промежуточное состояние: ты уже не там, откуда выехал, и еще не там, куда едешь. Ты – нигде. В «нигде» нельзя ничего делать, нельзя писать. Дорога – временное освобождение от долга, передышка от удушья недающегося текста. Ему не пишется во Франкфурте и кажется, что слова начнут приходить в Париже. Письма наполнены жалобами: «Париж или лучше – воздух Парижа, или лучше – испарения воздуха парижских обитателей, пребывающие здесь на место воздуха, помогли мне немного и даже вновь расстроили приобретенное переездом и дорогою, которая одна бывает для меня действительнее всяких пользований». «Дорога мне сделала добро; но в Париже я как-то вновь расклеился…» «Дорогой из Парижа во Франкфурт я опять чувствовал себя хорошо, а приехавши во Франкфурт – дурно… Мое здоровье так плохо, как я давно не помню».

Гоголь мотался по всей Европе, ездил с курорта на курорт, менял города и страны, но обманывать себя до бесконечности он не мог. Кризисы наступали в моменты, когда он остро чувствовал лживость написанных слов. Именно в эти минуты отчаяния на него набрасывалась болезнь. Из письма Александре Смирновой-Россет: «Бог отъял на долгое время от меня способность творить. Я мучил себя, насиловал писать, страдал тяжким страданием, видя бессилие свое, и несколько раз уже причинял себе болезнь таким принуждением, и ничего не мог сделать, и все выходило принужденно и дурно. И много, много раз тоска и даже чуть-чуть не отчаяние овладевали мною от этой причины… От болезни ли обдержит меня такое состояние, или же болезнь рождается именно оттого, что я наделал насилие самому себе возвести дух на потребное для творения состояние, это, конечно, лучше известно Богу; во всяком случае, я думал о лечении своем только в этом значении, чтоб не недуги уменьшились, а возвратились бы душе животворные минуты творить и обратить в слово творимое».

Таинственная болезнь Гоголя – невозможность написать текст, который невозможно написать. Ненаписанная книга защищается, спасается от автора его болезнью. Это была болезнь бессилия исполнить свое призвание, и лекарства от нее не было. Из письма Александру Петровичу Толстому в марте 1845 года: «Не скрою, что признаки болезни моей меня сильно устрашили: сверх исхудания необыкновенного – боли во всем теле. Тело мое дошло до страшных охладаваний; ни днем, ни ночью я ничем не мог согреться. Лицо мое все пожелтело, а руки распухли и почернели, и были ничем не согреваемый лед, так что прикосновение их ко мне меня пугало самого».

В следующих томах «Мертвых душ» Гоголь хотел открыть России ее спасение. На примере Чичикова он хотел показать преображение русского человека. Путь этот вел через очистительное страдание к обретению Христа.

И в первые два раза и перед смертью писатель уничтожил второй том «Мертвых душ» потому, что ему открылась живая душа, но он не смог найти для нее слов. «Слово гнило да не исходит из уст ваших!» – написал он в завещании. Он чувствовал, как никто другой, «гнилость» написанных им слов.

Тогда Гоголь попытался достучаться до соотечественников напрямую, не создавая живые художественные образы, но используя мертвые слова, называя любовь – любовью, Христа – Христом.

* * *

«Избранные места из переписки с друзьями» восприняли в штыки все. Даже друзья объявили Гоголя сумасшедшим. Сергей Аксаков, один из самых верных приверженцев писателя, писал сыну в январе 1847 года: «Я думал, что вся Россия даст ему публичную оплеуху, и потому не для чего нам присоединять рук своих к этой пощечине; но теперь вижу, что хвалителей будет очень много, и Гоголь может утвердиться в своем сумасшествии. Книга его может быть вредна многим. <…> Может ли быть безумнее гордость, как требование его, чтобы, по смерти его, его завещание было немедленно напечатано во всех журналах, газетах и ведомостях, дабы никто не мог отговориться неведением оного? Чтобы не ставили ему памятника, а чтобы каждый вместо того сделался лучшим? Чтоб все исправились о имени его?.. Все это надобно завершить фактом, который равносилен 41-му числу мартобря (в "Записках сумасшедшего")».

Книга и ее автор были оплеваны и осмеяны. Началась злобная травля. Так будет травить свора у Шостаковича сбежавший нос, который виноват уже тем, что не такой, как все. Так будет травить свора самого композитора за то, что он пишет свою «сумбурную» музыку. Шостакович: «Если бы Гоголь дожил до наших дней, он еще и не такое бы увидел».

Пожалуй, не было ни одного таланта в России, которому бы не пришлось вкусить от узколобой русской нетерпимости. И Гоголь, и Шостакович испытали эту травлю на себе по полной.

«Я думал, что мне великодушно простят все это и что в книге моей зародыш примирения всеобщего, а не раздора», – пишет Гоголь Виссариону Белинскому в июне 1847 года. Но в ответ получает знаменитую страстную отповедь.

Русское время затаилось, играет с каждым новым поколением все ту же злую шутку. От пафоса Белинского в XXI веке веет «днем Сурка». И вопросы в этом затинившемся времени каждое поколение задает все те же, надоевшие до рвоты: кто виноват да что делать? Ответов тоже немного. Одни призывают к борьбе с царизмом, правительством, властью, другие – к смягчению нравов, потому что, если не изменить русского человека, ничего не изменится.

«Брожение внутри не исправить никаким конституциям, – отвечал Гоголь Белинскому. – Общество образуется само собою, общество слагается из единиц. Надобно, чтобы каждая единица исполнила должность свою... Нужно вспомнить человеку, что он вовсе не материальная скотина, но высокий гражданин высокого небесного гражданства. Покуда он хоть сколько-нибудь не будет жить жизнью небесного гражданина, до тех пор не придет в порядок и земное гражданство».

Это письмо он так и не отправил. Понимал, что его просто не услышат.

Призыв Гоголя ко «всеобщему примирению» оказался совершенно неуместен, потому что на улицах пресловутой русской души уже вовсю шли баррикадные бои.

«Передовые» современники Гоголя уже призывали народ к революции. Общество объявило войну собственному государству, а государство – обществу. Война еще шла на словах, но была от этого не менее ожесточенной. Это противостояние слов вылилось через три поколения в расстрелы заложников с последующим ГУЛАГом, когда сатана-ворюга сменился на сатану-кровопийцу и снова принялся «червленить светлую Русь кровью мученической». У Гоголя и его современников не было того исторического опыта, как у нас. Наши отцы, деды и прадеды все это проходили. Нам опять достался, как во времена Гоголя, сатана-ворюга, который превратился на глазах опять в сатану-кровопийцу. Русская история поедает себя с ускорением.

*   *   *

После катастрофы с «Выбранными местами» писатель с трудом приходил в себя. Но оставить свой замысел он не мог. Настоящий писатель живет, пока он пишет. Гоголь жил и боялся умереть, не закончив тот труд, ради которого его послали на эту землю.

Гоголь снова возвращается к романной форме для главного дела своей жизни. Из письма Жуковскому: «В самом деле, не мое дело поучать проповедью. Мое дело говорить живыми образами, а не рассуждениями. Я должен выставить жизнь лицом, а не трактовать о жизни».

Но выставить жизнь лицом у него уже не получится.

Опять приступы веры в себя и в будущее своей книги чередуются у него с приступами безверия. В ноябре 1847 года Гоголь пишет своему другу: «Вы знаете, что я весь состою из будущего, в настоящем же есмь нуль».

Анненков, друг писателя, напишет в воспоминаниях: «"Мертвые души" были подвижническая келья, в которой Гоголь болел и страдал до тех пор, пока вынесли его бездыханным из нее».

Гоголь всегда был окружен людьми, но его обнимала пустота. Это было одиночество в борьбе со словом. Этой мукой он ни с кем не мог поделиться. Писатель жил подвижником, монахом в миру, не имея ни имущества, ни дома, ни семьи, одержимый своим призванием и крестом – книгой.

«Я бездомный, меня бьют и качают волны», – говорит о себе Гоголь в одном письме. «Я нищий и не стыжусь своего звания», – пишет он в другом.

* * *

Гоголь годами всем говорил, что вот-вот отправится в Иерусалим к гробу Господню. Он хотел просить благословения на великий труд, возложенный на него. Он хотел получить знак, что он действительно избранный. Он готовился к поездке в Иерусалим годы, а вернее сказать, оттягивал ее, как мог. Он боялся, что знака может не быть.

Наконец, в 1847 году он отправился в Иерусалим через Неаполь, но застрял там на полгода. Предлогом послужил выход в России «Переписки», а потом Гоголь и вовсе отправился не на юг, а на север, в Париж. В следующем году он делает вторую попытку.

«Я теперь в Неаполе: приехал сюда затем, чтобы быть отсюда ближе к отъезду в Иерусалим. Определил даже себе отъезд в феврале, и при всем том нахожусь в странном состоянии, как бы не знаю сам: еду я или нет. Я думал, что желанье мое ехать будет сильней и сильней с каждым днем, и я буду так полон этой мыслью, что не погляжу ни на какие трудности в пути. Вышло не так. Я малодушнее, чем я думал; меня все страшит. Может быть, это происходит просто от нерв. Отправляться мне приходится совершенно одному; товарища и человека, который бы поддержал меня в минуты скорби, со мною нет, и те, которые было располагали в этом году ехать, замолкли. Отправляться мне приходится во время, когда на море бывают непогоды; а я бываю сильно болен морскою болезнью и даже во время малейшего колебания. Все это часто смущает бедный дух мой и смущает, разумеется, оттого что бессильно мое рвенье и слаба моя вера...» (Гоголь – Н.Н. Шереметевой, из Неаполя).

На Святой земле он никак не мог сосредоточиться на главном. «Что могут доставить тебе мои сонные впечатления? Видел я, как во сне, эту землю. <...> Где-то в Самарии сорвал полевой цветок, где-то в Галилее другой, в Назарете, застигнутый дождем, просидел два дня, позабыв, что сижу в Назарете, точно как бы это случилось в России на станции», – написал он Жуковскому.

У гроба Господня его неприятно поразила суета: «Я не помню, молился ли я. Мне кажется, я только радовался тому, что поместился на месте, так удобном для моления и так располагающем молиться; молиться же собственно я не успел. Так мне кажется. Литургия неслась, мне казалось, так быстро, что самые крылатые моленья не в силах бы угнаться за нею. Я не успел почти опомниться, как очутился перед чашей, вынесенной священником из вертепа, для приобщения меня, недостойного».

Поездка в Палестину не помогла. Его разочаровало не столько отсутствие веры в себе к Богу, сколько отсутствие веры в то, что он – избран, чтобы закончить свой великий труд.

* * *

Из Иерусалима Гоголь вернулся в Россию. Второй том был в целом написан, но писатель не отдавал его в публикацию. В нем не было уверенности, что он написал то, что должен.

Гоголь читал главы друзьям. Прочитанным восхищались. После одного такого чтения Самарин написал Гоголю о своем впечатлении: «Если бы я собрался слушать вас с намерением критиковать и подмечать недостатки, кажется, и тогда после первых же строк, прочтенных вами, я забыл бы о своем намерении. Я был так вполне увлечен тем, что слышал, что мысль об оценке не удержалась бы в моей голове. Вместо всяких похвал и поздравлений скажу вам только, что я не могу вообразить себе, чтобы прочтенное вами могло быть совершеннее. Мне остается только пожелать от всей души, чтобы вы благополучно совершили дело, важность которого для нас всех более и более обнаруживается».

А вот отрывок из письма Самарина Смирновой о том же чтении: «Никогда не забуду я того глубокого и тяжелого впечатления, которое Гоголь произвел на Хомякова и меня раз вечером, когда он прочел нам первые две главы второго тома. По прочтении он обратился к нам с вопросом: "Скажите по совести только одно, – не хуже первой части?" Мы переглянулись, и ни у него, ни у меня недостало духу сказать ему, что мы оба думали и чувствовали».

Ему лгали в глаза. Он верил восхищенным отзывам? Или не верил?

Правду ему сказал только его духовник священник отец Матвей. Он вспоминал: «Гоголь показал мне несколько разрозненных тетрадей,

«<...> просил меня прочитать и высказать свое суждение. Я отказывался, говоря, что я не ценитель светских произведений, но он настоятельно просил, и я взял и прочел. Но в этих произведениях был не прежний Гоголь. Возвращая тетради, я воспротивился опубликованию некоторых из них. В одной или двух тетрадях был описан священник. Это был живой человек, которого всякий узнал бы, и прибавлены были такие черты, которых... во мне нет, да к тому же еще с католическими оттенками, и выходил не вполне православный священник. Я воспротивился опубликованию этих тетрадей, даже просил уничтожить. В другой из тетрадей были наброски... только наброски какого-то губернатора, каких не бывает. Я советовал не публиковать и эту тетрадь, сказавши, что осмеют за нее даже больше, чем за "Переписку с друзьями"...»

Шел последний год его жизни. Гоголь то принимался переписывать в который раз уже законченные главы, то приходил в отчаяние: это была не та книга.

Осенью 1852 года он поехал на родину на свадьбу к сестре. Но с полпути вернулся в Москву. Его знакомый Бодянский, к которому пришел тогда Гоголь, вспоминает, как «на вопрос его: "Зачем он воротился?" Гоголь отвечал: "Так: мне сделалось как-то грустно", и больше ни слова».

Гоголя раздавило осознание того, что он не смог исполнить возложенную на него миссию. Смирнова вспоминала его слова: «Я уверен, когда сослужу свою службу и окончу, на что я призван, то умру. А если выпущу на свет несозревшее или поделюсь малым, мною совершаемым, то умру раньше, нежели выполню, на что я призван в свет».

Слова победили писателя. Это было поражение всей жизни. Признание невозможности написать «Живые души», исполнить свое Божье предназначение – было признанием его небытия. Сожжение рукописи уже было делом второстепенным.

«Ночью на вторник (на 12-е февраля) он долго молился один в своей комнате. В три часа призвал своего мальчика и спросил его, тепло ли в другой половине его покоев. "Свежо", – ответил тот. – "Дай мне плащ, пойдем, мне нужно там распорядиться". И он пошел, со свечой в руках, крестясь во всякой комнате, чрез которую проходил. Пришед, велел открыть трубу, как можно тише, чтоб никого не разбудить, и потом подать из шкафа портфель. Когда портфель был принесен, он вынул оттуда связку тетрадей, перевязанных тесемкой, положил ее в печь и зажег свечой из своих рук. Мальчик, догадавшись, упал перед ним на колени и сказал: "Барин! что это вы? Перестаньте!" – "Не твое дело, – ответил он. – Молись!" Мальчик начал плакать и просить его. Между тем огонь погасал после того, как обгорели углы у тетрадей. Он заметил это, вынул связку из печки, развязал тесемку и уложил листы так, чтобы легче было приняться огню, зажег опять и сел на стуле перед огнем, ожидая, пока все сгорит и истлеет. Тогда он, перекрестясь, воротился в прежнюю свою комнату, поцеловал мальчика, лег на диван и заплакал» (из воспоминаний М.П. Погодина).

* * *

Этой книгой он хотел оправдаться на Страшном Суде.

Ни жить, ни писать больше не имело никакого смысла. Оставалось только умереть с достоинством. Именно этого ему не дали сделать. Гоголю хотелось встретить самый главный миг человеческой жизни в посте и молитве. В ночь на 21 февраля 1852 года доктора пускали ему кровь, сажали измученное тело в горячую ванну, поливали голову холодной водой. Гоголь плакал, просил отпустить его – ему заламывали руки.

В «Шинели» Акакий Акакиевич просит своих мучителей: «Оставьте меня, зачем вы меня обижаете?»

Умирающий Гоголь умолял: «Оставьте меня, не мучьте меня!»

Даже знаменитый гоголевский нос не оставили в покое: к ноздрям приставили восемь пиявок.

Нос Гоголя хотел покоя и совершил побег в ту же ночь, туда, где его никто больше не мог мучить – из московской зимы он шагнул в 86 мартобря.

ВЕЛИКИЙ РУССКИЙ ТРИЛЛЕР

Мой Гончаров

«Обломов» — великий русский триллер.

Налицо преступление. Есть обвиняемый. Судьба как следственный эксперимент. Виновен? Невиновен? Каждое поколение читателей отвечает на этот вопрос по-разному.

Преступление — русская нежизнь. Вопрос, который был задан в названии знаменитого романа Александра Герцена «Кто виноват?», остается самым животрепещущим русским вопросом вот уже почти два столетия. Кто виноват в пресловутых русских дорогах? Во взяточничестве и казнокрадстве? В начальниках-дураках? Кто виноват в рабстве сверху донизу при любом режиме и любой экономической формации? Кто виноват в кровавой истории? Кто виноват в унижении человеческого достоинства на каждом шагу?

Обвиняемых пруд пруди, сколько и обвинителей.

Один из самых знаменитых подсудимых, проходящих по этому процессу, — Илья Ильич Обломов, застигнутый пером Гончарова in flagranti delicto, на месте преступления — на своем диване.

Генетические истоки Обломова и «обломовщины» революционно-демократические критики, а вслед за ними и советские школьные учебники находили в крепостническом прошлом отечества. Крепостное право кануло в русскую заболоченную Лету, а герой романа, кажется, рождается с каждым новым поколением заново. Может, дело все-таки не в крепостничестве?

Роман Гончарова — римейк русского инициационного мифа, мифа о становлении нации, о рождении русского психологического типа. В этом его мощь и надвременность.

Мифы — это опорно-двигательная система народного сознания. Поколения соединяются мифом, как позвонки. Главный миф — о рождении героя. Кто он, русский герой?

Раскручивая обломовскую спиральку ДНК, приходишь к главному богатырю древнерусского эпоса. Не находим ли мы абсурдно-комические черты гончаровского лежебоки в былинах об Илье Муромце, который первые 33 года своей жизни провел на лежанке, поплевывая в потолок? Что же заставило богатыря подняться и взяться за дело? Прохудившаяся крыша? Некормленная скотина? Непроезжие дороги? Отнюдь. Ради таких мелочей стоит ли с печки слезать?.. Только когда на святую Русь напали враги, первогерой поднялся, чтобы защищать родную землю.

Поколения «русских мальчиков» мучатся вопросом о смысле их жизни. Сформированное мифом сознание шепчет на ухо ответ: можно спать до тех пор, пока не появится высокая цель, ради которой стоит принести свою жизнь в жертву.

Герой былины становится литературным отцом Обломова. Иван Гончаров называет своего персонажа Ильей Ильичом. Действие, а вернее, бездействие романа начинается с того, что герою 33 года и он их тоже проводит на лежанке.

Случись в книге война, то не было бы и проблемы: Обломов стал бы богатырем, славным защитником Родины и в борьбе нашел бы смысл жизни и спасение души. Но что делать русскому человеку, когда враги ленятся?

* * *

To be or not to be?

В русском переводе этот вопрос человечества звучит примерно так: стоит ли латать прохудившуюся крышу сегодня, если завтра придет кто-то посильнее, и не враг, а свой, и из дома прогонит, а на лепетания про закон сунет под нос кулак, который и есть настоящий неписанный русский закон.

Частная жизнь в России дискредитирована. Неприкосновенность частной собственности как форма защиты прав слабых от сильных – бумажна. Народное сознание уверено: закон – что дышло. Если хочешь чего-то добиться, заниматься любым делом, кроме спасения отечества от врагов, нужно изворачиваться, унижаться, давать взятки, продавать душу по частям или целиком. Короче, с волками жить – по волчьи выть. А еще лучше самому стать волком. Может, потому и не вставал муромский богатырь с лежанки?

Русский Гамлет не может встать с постели, пока не решит для себя вопрос о цене своей души.

* * *

Гончаров предпринимает в своем романе уникальную попытку провозгласить новое в России отношение к частной жизни.

Вековая государева служба из поколения в поколение отбирала и тело, и волю, и мысли, но давала взамен наполненность души и праведный смысл существования. То, что с Запада казалось деспотией и рабством, в России воспринималось самоотверженным участием в общей борьбе с врагами, где царь – отец и генерал, а все остальные – его дети и солдаты. Отсутствие частной жизни компенсировалось сладостью погибели за родину. Протяженность отечества в географии и времени была залогом спасения, всеобщее неосознанное рабство горько для тела, но живительно для духа.

У реального Ильи из Мурома и времени-то не было валяться на лежанке. То поляков из Москвы прогоняй, то Петербург назло шведам строй! Погибали, но в народном сознании не было сомнения в праведности высших указов. Погибали во славу.

Но вот счастливому детству воюющей со всем светом нации приходит конец – немцы на русском троне объявляют вольность, сперва дворянам, а через век просвещения и поголовную. Начинается испытание дармовой, не завоеванной свободой. Русский человек получил право на частную жизнь, которой никогда до этого не знал.

«Обломов» появляется в 1859 году – за два года до манифеста Александра II, упразднившего всего для пары поколений рабство в России. С 1861 до 1917 года – 56 лет. Много для юноши – «вжик» для старика. С перспективы русского XXI века – крюк, а не столбовая дорога.

Привычная к Службе душа задала себе новый вопрос – для чего жить? Очевидный на Западе ответ: для себя, для детей, для того чтобы делать ежедневные маленькие дела, не заботясь о высоких идеалах – вовсе не представлялся очевидным потомкам Ильи Муромца. По страницам русских романов разбредаются, гонимые кириллицей, «лишние люди».

Частная жизнь – основа западной цивилизации – была поставлена в России под сомнение. Заполнить ею душу оказалось непросто. Генетическая память требовала замены службы Царю, Богу и Отечеству чем-то не менее возвышенным. Жизнь сама по себе, без высоких идеалов, «в домике с аистом на крыше», который Достоевский сделал символом западной бездуховности, преломилась в отечественном сознании в отвратительное бюргерство.

Проблематика «Обломова» — не в ментальной инертности русского, который долго запрягает, а потом никуда не едет, а в мучительных поисках спасения от надвигающейся исторической катастрофы. Мыслящая Россия ощущала себя над бездной, одни пытались предотвратить и отдалить грядущую бурю, другие, наоборот, своими призывами приближали ее.

Гончаров осознает, что русское отношение к частной жизни губительно, что оно несет в себе огромной разрушительной силы пустоту. Необходимо что-то этому противопоставить, привить русскому человеку уважение к обыденности. Так рождается антипод Обломова, полунемец с гордым говорящим именем Штольц.

Писатель пытается создать идеал нового русского человека — вывести небывалый вид фауны, скрестив отечественный прах с «беспричинной» немецкой деловитостью и вдохнув в этого чернильного Адама жизнь. Андрей Штольц призывает друга встать с дивана и вести дела.

Великая протестантская мечта на русских просторах — не скатерть-самобранка, но ежедневный честный труд, не шемякин суд, но неподкупный, не щучье веленье, но мое хотенье.

* * *

Идея писателя сразу вступает в конфликт с его реалистическим пером. Можно ли вести дела в России, оставаясь честным и порядочным человеком? Неудивительно, что автор, которому важно сохранить порядочность своего гомункула, выращенного в стерильной литературной колбе, никогда не описывает, как именно сколачивает Штольц свои капиталы. Гончаров сам служил чиновником в российской провинции и прекрасно знал неписаные правила игры, по которым если хочешь в стране гоголевских харь чего-то добиться, то вынужден нарушить закон, дать взятку, угодить сильному, отнять у слабого.

Клэш ментальностей. Несовместимость разных типов сознания, как разных групп крови. Немецкой поговорке Schaffe, schaffe, Hüsli baue, что в дословном переводе означает «трудись, трудись, строй свой домик», противостоит русская народная мудрость, опыт, накопленный поколениями «березового ситца»: трудом праведным не наживешь палат каменных.

Отчаянная попытка Гончарова создать нового русского человека потерпела фиаско. Герой из чернильницы восстает против своего создателя. Даже благородные дела, вроде возвращения другу Обломовки, неправедно отнятой другими дельцами, Штольцу приходится под пером писателя-реалиста делать не прямо и честно через суд – а по-русски, взятками, иначе остался бы с носом. Иными словами, предлагая встать с дивана и «делать дела», деловитый друг звал Илью Обломова не только подвывать, но и вступить в волчью стаю.

Снова страницы романа протыкает все тот же проклятый русский вопрос о цели и средствах. Каков прожиточный уровень подлости? Где граница дозволенного нравственностью? Можно ли достичь добрых целей недобрыми средствами? Пройдет не так много времени, и жители реальной Обломовки – России, очнувшись от своего сна, будут решать этот вопрос расстрелами заложников. Такой сценарий недалекого будущего (будь у писателя дети, они бы вполне могли поучаствовать в известных событиях и хлебнуть сполна) показался бы Гончарову фантасмагорией в стиле Босха. В те годы писатель еще счастливым образом решает проблему, оправдывают ли дурные средства благородную цель, на бытовых примерах. Но уже через несколько лет после публикации «Обломова» прозвучит выстрел Каракозова, покушавшегося на царя-освободителя, наступит эра революционного «праведного мщения», и Достоевскому придется решать тот же вопрос совсем на другом материале.

А пока Обломов должен сделать выбор между «делами» Штольца и своим диваном. Выбор предрешен. Та деятельность, которую предлагает энергичный немец своему бездеятельному другу, представляется Обломову не только пустой тратой энергии, но, более того, потерей человеческого достоинства.

Реальность, в которую зовут Обломова, зиждется на продажности и казнокрадстве, на поисках чинов, угождении начальству, лицемерии, глупости, тщеславии, лжи, зависти, злобе, скуке, болтовне и пустоте, которые составляют существование таких занятых «делом» людей, как Штольц. Обломов ненавидит то же самое, что ненавидел в жизни

Гончаров: «Вечная беготня взапуски, вечная игра дрянных страстишек, особенно жадность, перебиванья друг у друга дороги, сплетни, пересуды, щелчки друг другу, это оглядывание с ног до головы; послушаешь, о чем говорят, так голова закружится, одуреешь. <…> Скука, скука, скука!.. Где же тут человек? Где его целость? Куда он скрылся, как разменялся на всякую мелочь?»

Предлагаемая Обломову жизнь оскорбительна как для автора, так и для его героя: «Свет, общество! Ты, верно, нарочно, Андрей, посылаешь меня в этот свет и общество, чтоб отбить больше охоту быть там. Жизнь: хороша жизнь! Чего там искать? Интересов ума, сердца? Ты посмотри, где центр, около которого вращается все это: нет его, нет ничего глубокого, задевающего за живое. Все это мертвецы, спящие люди, хуже меня, эти члены света и общества! <…> Разве это не мертвецы? Разве не спят они всю жизнь сидя? Чем я виноватее их, лежа у себя дома…?»

* * *

«Обломов» – это не сатира на пережитки крепостничества, как учили нас в советской школе, это живая трагедия человека, который хочет прожить свою жизнь, сохранив человеческое достоинство.

Гончаров устами Штольца дает определение тому, что происходит с его любимым героем: *обломовщина*. Интересно, что это одно из немногих русских слов, вошедших без перевода в другие языки, наряду со «спутником», «калашниковым» и «самоваром».

Тот факт, что презрительный суффикс – щин(а) придается фамилии героя именно Штольцем, делает трактовку понятия неоднозначной. Роль благородного обличителя à la Чацкий не дается этому недалекому резонеру. В обвинении, брошенном удачливым дельцом времен той, первой перестройки, так и слышится снисходительная интонация, с которой «новый русский» в постперестроечной России недавнего образца обращается к своему школьному товарищу-неудачнику, упустившему шанс разбогатеть. В таком контексте уничижительное слово «обломовщина» из уст Штольца может быть воспринято и как награда.

Если постараться найти наиболее близкий по смыслу эквивалент понятия, введенного гончаровским героем в язык мировой культуры, то это – *эскапизм* (от англ. *escape* – убежать, спастись). Классический вариант эскапизма – уход в отшельничество, монашество. Попытка спасти чистоту души от скверны жизни. Есть еще много других вариантов эскапизма – от советского ухода в истопники до создания клубов поклонников Толкина, от алкоголизма до буддизма. Самый последовательный эскапист – самоубийца.

Эскапист кажется людям, играющим в жизнь по общепринятым меркам, проигравшим. Неудачник, loser – звучит как приговор. Но правильно ли судить человека по правилам игры, в которую он играть не хочет? Гончаровский роман – это книга не о прошлом, давно похороненном в учебниках истории, это книга о том, как читающему прожить сегодняшний день.

* * *

Желание сбежать понятно всем. Сам Гончаров воспользовался двухлетней оказией бросить опостылевший департамент и отправился в кругосветное плавание на фрегате «Паллада». Еще один, лично гончаровский, вариант эскапизма. Мечта о побеге из обыденности, о морских путешествиях жила в писателе с детства.

Впечатлительный мальчик, будущий писатель впитывал в себя рассказы отчима, морского офицера, о кораблях, океанах, далеких странах. Кругом была Обломовка в ее симбирском проявлении. Отец и предки автора «Обломова» происходили из купеческого сословия. «Дела» Штольца ожидали и самого Ивана Гончарова. Идти по этой стезе настроенный романтически молодой человек отказался. Он бросил коммерческое училище и поступил в московский университет, чтобы изучать более близкие ему предметы – историю, философию, литературу.

Его молодость и творческая зрелость, время расцвета его художественной фантазии приходятся на 1840-е годы, придавленные царствованием Николая I. В это десятилетие Гончарову приходит замысел всех трех его романов. «Обыкновенная история» опубликована в «Современнике» в 1847 году, «Сон Обломова» вышел уже в 1849-м. В те же годы придуман и в подробностях рассказан близким друзьям будущий «Обрыв».

«Обыкновенная история», ироничный изящный рассказ о расставании с идеалами молодости, приносит молодому романисту славу, но расстаться со службой Гончаров не может. Он пишет так медленно и мало, что перейти в профессиональные литераторы для него невозможно. Кормит только бойкое перо. А задумчивое, требовательное к словам и автору – увы. Работа над «Обломовым» займет десять лет жизни. «Обрыв» потребует два десятилетия.

Служба будет отнимать у писателя время и силы – писать он всю жизнь сможет только в летние отпуска за границей или на Волге – но, с другой стороны, даст Гончарову тот жизненный опыт, который не позволит ему отправить своего героя служить в департамент, уж лучше – умереть на диване.

Сила насовсем повернуться спиной к жизни дана не каждому. Не каждый способен уйти в «юродивые», принять на себя обет неучастия в гонке за «успехом», навсегда разорвать с привычным миром. Этой силы не было в самом Гончарове. Эту силу он дает своему герою, маскируя ее под бессилие.

Путь Обломова – сдача, поражение, уход в маргиналы, в подполье, подальше от власти и грязи, чтобы прожить жизнь пусть и «лузером», однако достойно и честно, без необходимости подвывать стае.

Обломов не служит, потому что не хочет быть коррумпированным чиновником, не хочет становиться дельцом, чтобы не участвовать в грязных сделках. Как долго может протянуть в России честный чиновник или исполняющий все законы делец? Обломов выбирает жизнь аутсайдера. Русский парадокс: хочешь прожить жизнь с достоинством – лучше вовсе не вставать с дивана.

* * *

Андрей Штольц в романе поневоле играет роль Мефистофеля, который намерен совратить русского Фауста.

Обломов, порядочный благородный человек с критическим острым умом, хочет прожить свою жизнь, не продаваясь дьяволу. Поэтому он интересен и симпатичен. Речь идет о спасении души. Немец Штольц предлагает русской душе радости «деловой» жизни, материальные выгоды. За это нужно только стать таким, как он, как все. Получить капитал, чины, успех в обществе – всего-то за какую-то душу. Чем не deal – выгодная, пусть и несколько сомнительная сделка?

К счастью или несчастью, Мефистофель терпит поражение. Поставленный перед выбором между недостойной жизнью и сном герой выбирает сон. «Самоубийство» на диване.

Интересно, что и у публики, и у критики Обломов, задуманный скорее как отрицательный персонаж, вызвал намного больше симпатии, чем гончаровский вымученный идеал Штольц. Кипучая деятельность, направленная на личное обогащение, не имела для русского читателя никакого нравственного смысла.

Штольцу ставили в вину именно то, в чем намеревался оправдать его Гончаров: у немца нет идеалов, мыслей о служении общественно-полезному делу, он эгоистически замыкается в узкий круг личных интересов. Обломову Андрей говорит: «Ты заметь, что сама жизнь и труд есть цель жизни». Этого ему простить не могли – в немецком филистерстве, бескрылом существовании без общей цели, никто не видел спасение России. Просто жизнь, жизнь сама по себе представлялась в России тошнотворным мещанством, презренным «немецким» существованием, лишенным одухотворяющего смысла. Кумир передовой молодежи того времени критик Добролюбов писал в своей знаменитой статье «Что такое обломовщина»: «Штольц не дорос еще до идеала общественного русского деятеля. <…> Не он тот человек, который сумеет, на языке, понятном для русской души, сказать нам это всемогущее слово: "вперед!"».

Илье Обломову «революционные демократы» поставили в вину то, что, будучи глубоким, добрым, благородным человеком с совестью, он не увидел той высокой цели, ради которой стоило проснуться из русского сна, встать, подобно былинному Илье Муромцу, с лежанки. Новая великая цель уже брезжила на горизонте. Вековую священную мессианскую борьбу, которую вела православная Русь с врагами, уже заменила еще более священная и мессианская борьба за освобождение и своего народа, и всего человечества. У изголодавшейся по высоким идеалам русской души снова появилось «дело» – «дело» совсем не в штольцовом понимании, «дело» столь важное, что ради него можно было пожертвовать своей жизнью – революция. Свои надежды «передовые» критики связали в романе с Ольгой Ильинской.

Ольга, любовь Обломова, символизирует в книге будущее России, и Гончаров ставит ее перед не очень привлекательным выбором: или благородное ничегонеделание, уход от скверны жизни, или довольство филистерским благополучием, достигнутым кривыми путями.

Ольга любит Обломова, но выходит замуж за Штольца. Что ж, стремление к благополучию – чем не повод для замужества?

Но как сможет Ольга, это олицетворение русской души с ее идеалами и потребностью в общественно-полезной деятельности, жить с дельцом, думающим лишь о своей выгоде? Гончаров, этот мастер психологического реализма, прекрасно понимает обреченность такой связи и дает понять читателю, что их брак долго не продлится. Именно в Ольге глашатаи грядущей бури увидели тип будущей революционерки.

* * *

Ключевая глава романа – «Сон Обломова». Герой видит во сне деревню своего детства, Обломовку, которая вырастает под пером Гончарова в символ всей дремлющей России. Обломовка спит.

Сон, разумеется, метафора. Жители деревни бодры, делают свои будничные дела, но всюду томление, тишь, дремота. Никто не принимает никаких решений, никто не проявляет никакой инициативы. Как во сне. Как будто вся страна находится во сне детства, когда не нужно принимать на себя никакой ответственности. Детство как рай до грехопадения. И, как яблоко искушения, появляется в этом рае письмо.

«А ты бы не брал!» – сердится барыня на крестьянина, который принес это письмо из города. Барин «велел сыскать очки: их отыскивали часа полтора. Он надел их и уже подумывал было вскрыть письмо. "Полно, не распечатывай, Илья Иваныч, – с боязнью остановила его жена, – кто его знает, какое оно там, письмо-то? может быть, еще страшное, беда какая-нибудь. <...> Завтра или послезавтра успеешь – не уйдет оно от тебя". И письмо с очками было спрятано под замок».

Таинственное письмо занимает умы обломовцев, но момент чтения постоянно откладывается. «Наконец не вытерпели, и на четвертый день, собравшись толпой, с смущением распечатали. Обломов взглянул на подпись. "Радищев", – прочитал он». Оказывается, что письмо от знакомого, который спрашивает о пивном рецепте. «Послать, послать ему! – заговорили все. – Надо написать письмецо».

Письмо-яблоко требует проявления инициативы, деятельности, что и станет грехопадением. Ева не смогла устоять перед искушением. Жители Обломовки, напротив, выбирают рай, и письмо остается неотвеченным.

Интересно, что фамилия отправителя, осмелившегося возмутить покой дремлющих, более чем говорящая. Радищев – автор знаменитого «Путешествия из Петербурга в Москву», первый русский революционный писатель, который в мрачных тонах описал жизнь в России, полную рабства и человеческого унижения. Весь тираж «Путешествия» был сожжен, а автора сослали в Сибирь.

Реальная историческая Обломовка – Россия могла держаться лишь до тех пор, пока она отказывалась принимать и читать такие «письма». Как только страну заполнили мессианские революционные послания, грехопадение уже невозможно было предотвратить.

Если бы герои Гончарова существовали в действительности, то легко можно себе представить, что бы стало с ними в реальности, доживи они до Ленина и Сталина. Ольга стала бы комиссаром и ставила к стенке классовых врагов вроде Штольца. Обломова бы расстреляли как заложника, или он бы сам умер от голода. Такие, как Захар, необразованные крестьяне, составили позже элиту сталинской системы, и ему бы пришлось расстреливать Ольгу, как были уничтожены герои первых лет революции.

Реальным жителям Обломовки стоило бояться писем-яблок от Радищева и Маркса.

* * *

Жизнь Гончарова-писателя и удачлива, и трагична.

Феноменальный успех «Обломова» сразу выдвинул его на место первого писателя России. Еще не было главных книг Толстого и Достоевского. В борьбу за литературное первенство включился Тургенев, опубликовав в том же 1859 году «Дворянское гнездо». Пришло время русского реалистического романа. У поэтики своя внутренняя логика развития. После «Евгения Онегина» должен был появиться тип романа, который мы теперь называем «тургеневским». Новый тип русского романа рождает сам себя, и ему все равно, какой именно писатель его напишет. Эта новая форма прозы пришла в 1840-е годы к Гончарову в виде замысла «Обрыва». Нельзя понять значение этого писателя для развития русской литературы, если упустить из вида «необыкновенную историю» главной книги всей его жизни.

Гончаров относится к особому типу писателей – такой автор не хозяин романа, но его верный слуга. Такой Захар сидит и ждет колокольчика, некой высшей вибрации. Он лишь ревностный исполнитель хозяйской воли. Из письма другу и издателю Стасюлевичу в период работы над «Обрывом»: «Да, я не пишу роман – Вы правы; он пишется и кем-то диктуется мне».

У такого рода писательства, безусловно, есть свои преимущества. Можно не знать сверхзамысла того, кто диктует – нужно лишь послушно записывать. Такой писатель – чуткий исполнитель, проводник, медиум. Как пророк, он исполняется чужой волей и способен создать то, что мудрее и больше его самого.

С другой стороны, такой писатель живет в постоянном страхе перед тем, что колокольчик не позвонит. Гончаров всю жизнь мучился от сомнений в своем праве на творчество. Он никогда не был уверен в себе, всегда зависел от авторитетов, ему жизненно важны были похвалы героев времени. Гончарову мало было своего знания о себе, намного важнее были восторженные отклики Белинского. Это отсутствие веры в собственную руку, водящую пером, зависимость от внешней оценки делает писателя уязвимым, беззащитным против критики, которая может сломать, уничтожить его.

И что делать, если колокольчик не звонит? Можно заставлять себя писать каждый день, но ничего не будет, кроме отвращения к письменному столу и ужаса внутренней пустоты. Именно от этого страха перед творческим бессилием прикрывался Гончаров службой.

Всю жизнь Гончаров служил. Хождение в департамент спасало его от самого себя, от страха, что роман больше не придет. От одиночества творца без творчества.

Гончаров существовал в двух противоположных и взаимоисключающих мирозданиях: департамент и роман. «Жизнь моя как-то раздвоилась, или как будто мне дали две жизни, отвели квартиру в двух мирах. В одном я – скромный чиновник, в форменном фраке, робеющий перед начальническим взглядом, боящийся простуды...

В другом я – новый аргонавт, …стремящийся по безднам за золотым руном в недоступную Колхиду, меняющий ежемесячно климаты, небеса, моря, государства».

Его кругосветное плавание – счастливая попытка побега. Но вернувшись в Петербург, Гончаров снова поступает на службу. Это его броня. Самозащита. Не пишу, потому что некогда.

Фрегат «Паллада» увозит Гончарова из одной России, а возвращает в другую. После смерти Николая I режим слабеет на глазах, запрещенное вчера может быть опубликовано уже завтра. Общество наполняется надеждами, как воздушный шарик. Писатель меняет финансовый департамент на «литературный». 24 ноября 1855 года Гончаров определен на должность цензора Петербургского цензурного комитета.

Он знал, на что шел. Запрещать слово в России – не самая почетная деятельность в представлении общества. Гончаров оправдывал себя тем, что шел не запрещать, но разрешать. Как бы то ни было, его репутация в глазах «передовых» людей была испорчена. Даже самый передовой цензор не может переходить грань дозволенного сегодня и должен иметь нюх на быстро меняющийся вкус начальства. К примеру, в 1858 году Гончаров не допускает до печати стихотворение «Молитва» Полонского, увидя подрыв устоев в строчках «Боже, спаси Ты от всяких цепей!» и «Жизнь разбуди на святую борьбу», но уже через год они публикуются без изъятия крамольных строк.

Гончарову ставят в вину и застарелую болезнь русской интеллигенции – подобно мотыльку на пламя, лететь на власть. В 1857 году его приглашают преподавать словесность наследнику российского престола. Он соглашается. В приближении ко двору новое общественное сознание уже видит что-то недостойное, но Гончаров в этом ориентируется на Пушкина, которого боготворил и считал своим учителем. В молодости Гончаров встречался с ним в церкви и в книжном магазине, но так и не посмел заговорить со своим кумиром. Гончаров еще живет в мире, в котором центр оси координат в системе ценностей находится в Зимнем дворце. Ему кажется естественным, что первый писатель приглашается учителем словесности к первому ученику.

Главный роман его жизни, имеющий пока название «Художник Райский», пишется медленно и с трудом. Гончарову помогает рассказывать во всех подробностях о своем творении близким друзьям. Среди них – Тургенев. Писатели еще представляются Гончарову носителями идеала, братьями по высшей службе – жрецами искусства, служение которому равнозначно исполнению нравственного долга.

Когда Гончаров слушает главы из только что написанного «Дворянского гнезда» (1859), он ошеломлен. Он требует объяснения. Тургенев смущен и изымает из рукописи «Дворянского гнезда» некоторые главы. Писатели еще продолжают приятельские отношения, но после выхода «Накануне» (1860) наступает катастрофа. Тургенев триумфально входит в русскую литературу с новым «тургеневским» типом романа. С этого момента жизнь Гончарова наполняется отчаянием и мукой. Он не может простить предательство человеку, которого считал близким другом.

Произошла обыкновенная история. Они оба искали в одном направлении. Один писатель нащупал дорогу и указал ее другому – тот шел быстрее и прошел первым. Кто-то должен был ступить на эту ступеньку в развитии русского реалистического романа, занять нишу между «Евгением Онегиным» и романами Достоевского и Толстого. Для романа, для литературы личная трагедия автора не имеет никакого значения.

Гончаров – новатор, открывший новый «механизм романообразования». Если бы «Обрыв» был написан и опубликован тогда же, когда и задуман, в конце 1840-х – начале 1850-х годов, а не двадцать лет спустя, «тургеневский» роман историки литературы называли бы «гончаровским». Но лампочке безразлично имя ее изобретателя. Она светит.

Осуждать потомкам Тургенева или благодарить его? Победителей не судят, ими восхищаются, и по праву. А если бы и судили, как можно осуждать писателя за то, что он пишет? Да и вообще, не наше дело, «из какого сора растут стихи, не ведая стыда».

Конфликт между писателями в 1860 году дошел до крайности – обвинения в краже романа наталкивают Тургенева на мысль о дуэли. Племянник Гончарова пишет в воспоминаниях, что дядя был готов стреляться и говорил: «Ну что ж, надо будет принять вызов». Чтобы не допустить страшной развязки, друзья устроили третейский суд с целью примирения.

Решением суда, состоявшегося 29 марта на квартире Гончарова, было признано, что «произведения Тургенева и Гончарова как возникшие на одной и той же русской почве должны были тем самым иметь несколько схожих положений, случайно совпадать в некоторых мыслях и выражениях, что оправдывает и извиняет обе стороны».

С самого начала конфликта общественное мнение было на стороне Тургенева. Даже близкий знакомый Гончарова и коллега по службе, цензор Никитенко, один из участников дружеского суда, написал в тот же день в дневнике: «Вообще надобно признаться, что мой друг Иван Александрович в этой истории играл роль не очень завидную; он показал себя каким-то раздражительным, крайне необстоятельным и грубым человеком, тогда как Тургенев вообще, особенно во время объяснения, без сомнения для него тягостного, вел себя с большим достоинством, тактом, изяществом и какой-то особенной грацией, свойственной людям порядочным высокообразованного общества».

Дуэль была предотвращена, но руки оба друг другу больше не подавали. Показное рукопожатие произошло лишь в 1864 году на похоронах критика Дружинина, одного из участников третейского суда.

* * *

1860-е годы. От автора «Обломова» ждут давно заявленного нового романа. Он может работать лишь во время летних вакаций. Но радость творчества уже покинула его. Он будто ищет повода, чтобы отодвинуть работу над «Обрывом». Наконец, в 1867 году он уходит в отставку, дослужившись за 35 лет до действительного статского советника, генеральского чина. Служба больше не может защищать от романа.

Его друг и издатель Стасюлевич торопит. Гончаров за год заканчивает главный, как ему кажется, текст своей жизни. Приближается заключительная часть писательской трагедии.

Гончаров будто предчувствует, что сам приближает свою жизнь к крушению. Он несколько раз пытается остановиться, отказывается от публикации, даже возвращает полученный у Стасюлевича гонорар – не застав того дома, пишет записку с сожалением, что не оправдал надежд и прибавляет: «А впрочем, я мирюсь с мыслию о том, что печатать не следовало, и даже начинаю понемногу удивляться (это хороший признак, а именно здоровья), как это я решался, в свои лета, с моею мнительностью, при нездоровье, соваться в публику с этакой безобразной махиной!»

Этому тексту Гончаров отдал двадцать лет своей жизни. Он говорил о нем, как о долгожданном детище, которое он «переносил».

Наконец, в 1869 году роман выходит, и оправдываются самые мрачные ожидания автора. «Обрыв» подвергся уничижительной критике, причем во всех слоях общества.

Выполняя заветы Белинского, Гончаров старался ухватить типы, дух времени, видел в этом призвание литературы. Гончаров верил, что изображает в «Обрыве» борьбу старого с новым, но для читателя, уже прочитавшего и «Преступление и наказание» (1866), и «Войну и мир» (1868), это была борьба ветхозаветного с допотопным. «Лишний человек» уже был написан. Тема Чацкого с его «мильоном терзаний» уже пережевана в рудиных-инсаровых и их эпигонах, наводнивших русские романы. Художник-неудачник Райский представлялся молодому читателю вынутым из пропыленного дедовского сундука. Волохов, посланный Гончаровым бежать, задрав штаны, за новыми людьми, никак не мог поспеть за Базаровым, а тем более Раскольниковым.

Роман опоздал на поколение. «Обрыв» воспринимался читающей публикой – по сравнению с новой свежей прозой Толстого и Достоевского – не как откровение, но как запоздалый тургеневский роман, лишенный тургеневской легкости и отягощенный гончаровской обстоятельностью.

* * *

Провал «Обрыва», дела всей его жизни, подрывает жизненные силы, лишает самой психической основы существования. Писателю всего 60, но он чувствует себя глубоким стариком. Гончаров избегает общения, старается не участвовать в литературных мероприятиях, живет затворником, «моховиком», как называли его друзья. Он уже не живет, он доживает. От него ждут новых произведений, но он знает, что никакого романа больше не сможет создать. Он еще ездит на воды, ходит каждый день на прогулки, сохраняя видимость респектабельного господина. Свою жизнь он ощущает как катастрофу, но старается скрыть от мира то, что происходит в душе.

Иногда он берется за перо, но оно выводит или мемуарные отрывки из крепостной эпохи или вовсе недостойные любого уважающего себя автора объяснения к собственным текстам, вроде «Намерения, задачи и идеи романа "Обрыв"». Писатель, объясняющий и оправдывающий свое произведение – всегда жалкое зрелище.

Но это – видимое письмо, а еще у него есть невидимое. Он пишет «Необыкновенную историю» – пожалуй, самый странный текст русской литературы. Будь это вымыслом, то такое произведение могло бы занять достойное место в ряду «Записок сумасшедшего» Гоголя и «Двойника» Достоевского. Стиль его излучает мощь и поприщинского бреда, и интонаций Голядкина. Но это не проза. Это исповедь.

В «Необыкновенной истории», не предназначавшейся для публикации до его смерти, Гончаров выносит на суд потомков историю украденного у него романа, а с ним и украденной жизни. В окружении Гончарова вполголоса говорили о его психическом заболевании, о мании преследовании, о том, что ему повсюду видятся шпионы Тургенева, которые крадут и тайком переписывают его рукописи, но вся степень психических страданий писателя становится очевидна лишь при чтении этих болезненных строк. С маниакальным упорством изводит Гончаров десятки страниц, жалуясь потомкам на происки своего главного врага: «Если б я не пересказал своего «Обрыва» целиком и подробно Тургеневу, то не было бы на свете – ни «Дворянского гнезда», «Накануне», «Отцов и детей» и «Дыма» в нашей литературе, ни «Дачи на Рейне» в немецкой, ни "Madame Bovary" и "Education sentimentale" во французской, а может быть, и многих других произведений, которых я не читал и не знаю».

Душевная рана не дает Гончарову успокоиться, и он снова и снова возвращается к главной трагедии своей жизни, год за годом приписывая к своей исповеди пространные дополнения, путаясь в бесконечных повторениях и проклятиях.

До конца жизни он оставался в убеждении, что Тургенев – лишь мастер миниатюр вроде «Записок охотника», неспособный на создание больших романов.

В последние годы писатель жил нелюдимом, оброс бородой, практически потерял зрение – вместо правого глаза была впадина, прикрытая веком. Угасание Гончарова напоминает угасание Обломова. По целым неделям он не выходил из своей темной квартирки на Моховой, в которой прожил тридцать лет – угасание, скрашенное участием экономки, не пускавшей к нему и без того редких посетителей.

Перед смертью Гончаров уничтожил почти весь свой архив – и рукописи, и переписку. Сохранилась запись рассказа экономки: «Однажды, это было зимою, как раз после болезни Ивана Александровича, топился вечером камин, у которого мы вместе сидели. Вдруг смотрю, Иван Александрович встает, подходит к письменному столу, достает всю свою огромную переписку и просит меня помочь ему спалить письма – бросать их в камин. Долго мы тогда сидели, подбрасывая письма в огонь, а камин все топился, ярко освещая вспыхивающим пламенем нашу комнату. Таким образом очень много бумаг было тогда сожжено». Гоголь из-за плеча смотрел на эти всполохи огня в гончаровском камине.

Умер Иван Гончаров 15 сентября 1891 года. Его друг, адвокат Кони видел писателя одним из последних: «Я посетил его за день до его смерти, и при выражении мною надежды, что он еще поправится, он посмотрел на меня уцелевшим глазом, в котором еще мерцала и вспыхивала жизнь, и сказал твердым голосом: "Нет, я умру! Сегодня ночью я видел Христа, и он меня простил…"»

Он ушел примиренным, простившим и прощенным.

Автор книги бытия любит иронию: прах Гончарова с кладбища Александро-Невской лавры в 1956 году был перенесен на Литераторские мостки Волкова кладбища и захоронен поблизости от могилы Тургенева, его пожизненного врага и посмертного соседа по вечности.

* * *

Перо писателя обладает привилегией даровать бессмертие. Делать бумажных людей более живыми, нежели живые. Поколения, проводившие часы за чтением о переживаниях и разочарованиях влюбленной Ольги, доброго и смешного Ильи, самодовольного Андрея, сгинули, исчезли, а Ольга все любит одного, а выходит замуж за другого. В конце романа Обломов умирает. А в начале снова все никак не может встать с постели на протяжении десятков страниц, живой, милый, несчастный.

Как бы то ни было, у лентяя и неудачника Обломова больше шансов преодолеть смерть, чем у пишущего и читающего эти строки.

«КРАСОТЕ НЕ НУЖНО БЕСКОНЕЧНО ЖИТЬ, ЧТОБЫ БЫТЬ ВЕЧНОЙ...»

Мой Тургенев

> *Смешно... в 50 лет начать гнездо вить...
> Вы как хотите и где хотите, – мое гнездо
> в могиле.*
>
> Из письма матери Ивана Тургенева
> сыну, 1839 г.

Ему было 20. Он отправился в Европу учиться, но на корабле случился пожар. Почти всем удалось спастись. Вернувшись в Петербург, молодой литератор вдохновенно рассказывал в гостиных о пожаре на море и как он самоотверженно спасал женщин и детей. Его скоро разоблачили. Очевидцы передавали, как юноша рвался в шлюпку, отталкивая матерей с младенцами, и вопил в отчаянии: Mourir si jeune! Датчанину-капитану пришлось применить силу. Мать написала ему: «Почему могли заметить на пароходе одни твои ламентации? Слухи всюду доходят! И мне уже многие говорили к большому моему неудовольствию. Ce gros monsieur Tourgueneff qui se lamentoit tant, qui disoit mourir si jeune... Какая-то Толстая... Какая-то Голицина... И еще, и еще... Там дамы были, матери семейств. Почему же о тебе рассказывают! Что ты gros monsier – не твоя вина, но! – что ты трусил, когда другие в тогдашнем страхе могли заметить... это оставило на тебе пятно, ежели не бесчестное, то ридикюльное». Молодой человек пережил глубокую душевную травму, осознав, что он – малодушный трус. Эта боль мучила его всю жизнь. Последним написанным, вернее, надиктованным умирающим писателем текстом за несколько недель до конца стал «Пожар на море». Это было его покаяние.

* * *

Он знал о своем призвании, и в преждевременной смерти его ужасало именно это: предательство судьбы. Как умереть молодым, если он еще ничего не написал, не исполнил своего предназначения? Юноша чувствовал себя избранным стать великим писателем, и будущее исполнило, что обещало. Пожар на море стал прелюдией к жизни, а малодушие и отсутствие воли – ценой пакта с судьбой.

Герои Тургенева мучаются своим «я», ищут самозабвения, как избавиться от себя, раствориться в служении чему-то высокому и прекрасному. Они страдают, ждут, ищут, презирают бюргерское самодовольство, хотят найти великое дело, ради которого можно отдать жизнь. Маленькие дела, быт, семейные заботы их не интересуют. Своих персонажей Тургенев мучил вопросом: «Зачем жить?», при этом сам для себя он знал ответ, но с ними не делился. Это знание было его, сокровенное, выстраданное, им нельзя поделиться. Никого из своих героев Тургенев не сделал писателем.

Тургенев проговорился в «Довольно (Отрывок из записок умершего художника)», единственном тексте, в котором делится с персонажем-рассказчиком своим знанием, зачем он живет. Все преходяще и бессмысленно, но есть особое служение – служение красоте. Все пустое – природа, государство, семья, идеалы свободы. «Но искусство?.. красота?.. Да, это сильные слова; они, пожалуй, сильнее других, мною выше упомянутых слов. Венера Милосская, пожалуй, несомненнее римского права или принципов 89-го года. <...> Искусство, в данный миг, пожалуй, сильнее самой природы, потому что в ней нет ни симфонии Бетховена, ни картины Рюисдаля, ни поэмы Гёте, – и одни лишь тупые педанты или недобросовестные болтуны могут еще толковать об искусстве как о подражании природе». Даже любовь – не то, за что можно зацепиться в этой жизни: «И даже то высшее, то слаждайшее счастье, счастье любви, полного сближения, безвозвратной преданности – даже оно теряет всё свое обаяние; всё его достоинство уничтожается его собственной малостью, его краткостью. Ну да: человек полюбил, загорелся, залепетал о вечном блаженстве, о бессмертных наслаждениях – смотришь: давным-давно уже нет следа самого того червя, который выел последний остаток его иссохшего языка». Преходяще все, кроме красоты, пусть она и живет только миг. «Красоте не нужно бесконечно жить, чтобы быть вечной, – ей довольно одного мгновенья».

Тургенев написал позже про этот важный для него текст: «Я сам раскаиваюсь в том, что печатал этот отрывок (к счастью, никто его не заметил в публике), – и не потому, что считаю его плохим, а потому, что в нем выражены такие личные воспоминания и впечатления, делиться которыми с публикой не было никакой нужды». Он выбрал служение красоте, но не имел в себе смелости открыто отстаивать это в эпоху, когда модно стало служить общественной пользе.

Считается, что Тургенев – певец любви, и действительно, во всех его романах герои ищут это великое чувство, но ни в одном произведении любовь не осуществляется, не превращается в силу, которая совершает круг земной жизни: его главные герои не женятся, не рожают детей, не создают семью, не строят домашнего гнезда. Его герои влюбляются и влюбляют в себя женщин, но, когда нужно сделать важный шаг, взять ответственность за другого человека на себя, сделать предложение, жениться, стать главой семьи, отцом, завести дом, семью, детей, они сбегают. Проза – всегда невольный автопортрет, в котором все нараспашку и ничего не скроешь.

Сам писатель неоднократно оказывался в жизни в подобной ситуации, и каждый раз страх ответственности за семью, необходимость связать себя земными заботами заставляли его отступить. Ответственность за ненаписанные книги была сильнее. Он искал лишь определенной любви: страсти как вдохновения. Его музой не могла стать женщина, которая хочет осуществить себя своим земным предназначением, как хранительница очага и продолжательница рода. Критики уже давно заметили, что все матери в романах Тургенева женщины дурные или смешные.

Показательный мастер-класс в делах любви провел юному Тургеневу отец. Семья жила в Москве напротив Нескучного сада. Юноша влюбился в соседку. Его сердце покорила юная княжна Катенька Шаховская. Ему пятнадцать, ей восемнадцать. Томительное сладостное чувство первой влюбленности обрывается раскрытием жестокой тайны. Прекрасная возлюбленная, которую он боготворил, оказывается любовницей его отца. Катенька призналась юноше: «Я таких любить не могу, на которых мне приходится смотреть сверху вниз. Мне надобно такого, который сам бы меня сломил». Случайно подросток увидел, как отец ударил хлыстом свою любовницу, и она поцеловала кровавую ссадину на руке. Все это Тургенев опишет потом в повести «Первая любовь».

Он искал такой любви, чтобы раствориться в страсти самозабвенно, чтобы отдаться целиком возвышенному служению. Ему было 25, когда в Петербург приехала с гастролями французская оперная дива, испанская цыганка по происхождению, Полина Виардо. Она была вызывающе некрасива, но покорила мир своим голосом. Композитор Камиль Сен-Санс сказал о нем: «Ее голос, не бархатистый и не кристально-чистый, но скорее горький, как померанец».

Тургенев увидел Виардо в «Севильском цирюльнике». «С той самой минуты, как я увидел ее в первый раз – с той роковой минуты я принадлежал ей весь, вот как собака принадлежит своему хозяину». Его представили примадонне в доме знакомого: «Это – молодой русский помещик, славный охотник и плохой поэт». Знакомство произошло 1 ноября 1843 года, с тех пор Тургенев до конца своей жизни отмечал эту дату как священный праздник. «Когда он вошел в комнату, – будет вспоминать позднее Виардо, – он мне показался гигантом – ужасно высокий, удивительно красивый, с голубыми и умными глазами… Но не могу сказать, чтобы он поразил меня сразу. Я долго не обращала на него внимания». Тургенев был принят в ее пажи. Ежевечерне после спектакля его стали допускать в уборную певицы наравне с избранными почитателями таланта: одним графом, старичком-генералом и сыном директора императорских театров. На полу лежала медвежья шкура с золочеными когтями, и диве казалось забавным сажать на каждую из четырех лап по влюбленному мужчине. Каждый из них должен был во время антракта рассказывать госпоже какую-нибудь забавную историю. «Плохой поэт» легко затмил своих соперников. Скоро она стала брать у него уроки русского языка.

Когда чета Виардо уехала из России, Тургенев бросил службу и отправился в заграничное путешествие, которое свелось к посещению городов, где гастролировала Полина. Он стал другом семьи. Ее муж Луи – тоже тонкий ценитель прекрасного, искусствовед, критик, автор монументального труда о европейских музеях, любитель литературы, переводчик с итальянского, испанского, а потом и с русского, сделавший первые переводы Пушкина, Гоголя, самого Тургенева. И оба страстно любили охоту. К тому же русский помещик тратил на семью Виардо большие суммы. Тургенев то снимал дома по соседству, то надолго останавливался в их доме. Главное, рядом с Полиной Виардо он находил вдохновение.

На гонорары, полученные в России, чета приобрела замок Куртавнель в 65 километрах от Парижа. Тургенев прожил с ними под одной крышей три года и написал свою первую книгу «Записки охотника». Он писал взахлеб рассказ за рассказом и благодарил за это свою музу. Муза то приближала его к себе, то прогоняла. Гастролируя по Европе, она забывала отвечать на его восторженные письма. С любовниками она изменяла обоим друзьям – и Луи Виардо, и Тургеневу.

Он сравнивал себя с собакой, верно служащей хозяину. Его служение искусству приобрело символическую форму служения голосу, «горькому, как померанец». Его били хлыстом по душе, он целовал кровавую ссадину. Так язычники поклонялись лесным богам, но истово молились дереву. Тургенев поклонялся искусству и молился на голос. Его муза ничего ему не давала, кроме главного – силы писать. Так дерево оставалось всего лишь деревом, но молящиеся на него чувствовали его помощь.

Когда книга была закончена, он вернулся в Россию. Написанные во Франции очерки русской деревенской жизни вызвали у критики и читающей публики фурор и были признаны эталоном русского национального рассказа, хотя уже и тогда находились скептические голоса. Так, друг писателя критик Василий Боткин писал о придуманности тургеневских народных типов: «Это – идиллия, а не характеристика русских мужиков». В удушливом воздухе николаевской империи тургеневские ностальгические очерки, написанные живым языком, показались вызовом существующему порядку. Хлесткое перо Александра Герцена превратило «Записки охотника» в обвинительный акт против крепостничества. В русской литературе безраздельно царствовал Гоголь. «Записки охотника» сделали молодого писателя кронпринцем отечественной изящной словесности.

* * *

Гоголь умер в феврале 1852 года. Тургенев опубликовал некролог. Русская народная мудрость «от сумы и от тюрьмы не зарекайся» подтвердилась: писателя арестовали по личному приказу императора Николая I, усмотревшего в панегирике вольнодумство. Месяц Тургенев провел в тюрьме, потом был отправлен в ссылку в свое имение Спасское-Лутовиново без права посещать столицы.

В тюрьме, условия которой нам теперь больше напоминают – через призму ГУЛАГа – дом творчества, из-под пера Тургенева вышел хрестоматийный рассказ «Муму», душераздирающая история о барыне-самодурке, которая приказывает глухонемому дворнику утопить его любимую собаку – обязательное чтение в младших классах русской школы. Школьникам до сих пор внушают, что суть рассказа в обличении крепостных порядков. Скорее, писатель таким образом сводил счеты с матерью. Их отношения были сложными, а попросту говоря, они ненавидели друг друга. Тургенев не мог простить ей унижения, что уже взрослым он во всем от нее зависел и вынужден был в письмах из-за границы вымаливать у нее деньги. Она терпеть не могла «певичку», «проклятую цыганку», погубившую, по ее убеждению, сына. А главное, она презирала то, что было для него свято, и писала ему о творчестве: «Оставь, Иван, дурь и займись лучше службой!» Тургенев даже не приехал на ее похороны. И после смерти матери, получив богатое наследство, он продолжал мстить ей в своих произведениях.

Автор рассказов не мог занять место первого писателя России. Ему нужен был роман. Великого русского романа еще не было. Критик Анненков писал ему в октябре 1852 года: «Я решительно жду от Вас романа, с полною властью над всеми лицами и над событиями и без наслаждения самим собой, без внезапного появления оригиналов, которых Вы чересчур любите». Тургенев отвечал: «Надобно пойти другой дорогой – надобно найти ее – и раскланяться навсегда с старой манерой. Довольно я старался извлекать из людских характеров разводные эссенции – triples extraits – чтобы влить их потом в маленькие скляночки – нюхайте, мол, почтенные читатели, откупорьте и нюхайте – не правда ли, пахнет русским типом? Довольно-довольно! Но вот вопрос: способен ли я к чему-нибудь большому, спокойному! Дадутся ли мне простые, ясные линии. <...> Вы от меня услышите что-нибудь новое – или ничего не услышите».

Роман не приходил. Ссылка действовала на писателя угнетающе. Тогда на помощь опять пришла муза, которая одна знала, как дать Тургеневу вдохновение. В марте 1853 года в Россию с концертами приехала Полина. Он раздобыл фальшивый паспорт и пробрался тайком в Москву, рискуя быть арестованным уже всерьез. Его ожидал холодный прием. Тургенев вернулся в имение, она – в Париж. На его страстные письма муза даже не отвечала. Она знала, к чему вела его – к сюжету его будущих романов.

Сама жизнь подталкивала одинокого, зрелого и богатого мужчину к женитьбе. Вскоре заговорили о свадьбе. Тургенев зачастил в дом своего двоюродного брата, чтобы видеть его дочь, 18-летнюю Ольгу Тургеневу. Девушка влюбилась в 37-летнего красавца и ждала предложения. Но вместо предложения руки и сердца получила прощальное письмо: «Виноват я один. Я старше Вас, моя обязанность была думать за обоих; <…> я не должен был забывать, что Вы рисковали многим – я ничем. <…> Несмотря на все, что произошло, я все-таки считаю мое знакомство с Вами одним из счастливых случаев моей жизни. Избегать частых встреч, близких сношений с Вами – теперь моя прямая обязанность. Нужно прекратить слухи и сплетни, повод к которым подало мое поведение». Он бежал. Но бежал к письменному столу. За несколько месяцев была написана его первая большая проза.

* * *

Влюбленность Тургенева имела мало общего с той любовью, которая является прелюдией, увертюрой к женитьбе, основанию дома, семьи, рождению детей. Все это естественное продолжение влюбленности ему было не нужно, мешало, отвлекало от главного. Для служения искусству ему нужна была только вдохновляющая страсть.

Сюжет «Рудина»: краснобай влюбляет в себя девушку, но, испугавшись женитьбы, бросает ее. И пишет прощальное письмо, которое весьма напоминает письмо автора к Ольге Тургеневой: «Любезная Наталья Алексеевна, я решился уехать. Мне другого выхода нет». Писатель отдал герою свои слабости, безволие, но не отдал ему своей веры. Автор принес в жертву и свои чувства, и чувства покинутой девушки на алтарь искусства. Его герой убегает в пустоту. Рудин даже не вызывает чувства жалости. Для романа, которого ждали, этого было мало. «Рудин» оказался серьезной заявкой, но не более того. Сам писатель испугался назвать этот текст «романом» и дал при публикации подзаголовок «повесть».

Критика встретила «Рудина» благосклонно, но задача не была выполнена. Нужен был другой роман.

Тургенев убеждал себя, что спасительное вдохновение ему может принести только одна женщина на свете. Он бросился во Францию – после смерти царя Николая и конца Крымской войны русским снова стало возможно жить за границей. Погоня за Виардо была погоней за будущим романом. Он знал, что этот отъезд – окончательное решение его судьбы. Служение искусству требовало полного самоотречения. Своей близкой знакомой графине Елизавете Ламберт писатель признавался: «Ах, графиня, какая глупая вещь – потребность счастья – когда уже веры в счастье нет! В мои годы уехать за границу – значит: определить себя окончательно на цыганскую жизнь и бросить все помышленья о семейной жизни. Что делать! Видно, такова моя судьба. Впрочем, и то сказать: люди без твердости в характере любят сочинять себе "судьбу"; это избавляет их от необходимости иметь собственную волю и от ответственности перед самим собою. Во всяком случае – le vin est tiré, il faut le boire».

Женщина Виардо то приближала, то прогоняла его, муза Виардо дарила вдохновение. Облитый холодом и отверженный – она даже не отвечала на его письма – он написал в приливе вдохновения в одиночестве на немецком курорте «Асю». Рождалось «Дворянское гнездо». Своему другу Анненкову он открыл секрет творчества, жалуясь на Полину: «Как мне тяжело и горько бывает, этого я вам передать не могу. Работа может одна спасти меня, но если она не дастся, худо будет!» Другому близкому другу поэту Афанасию Фету он признавался: «Я подчинен воле этой женщины. Она давно и навсегда заслонила от меня все остальное, и так мне и надо. <...> Я только тогда блаженствую, когда женщина каблуком наступит мне на шею и вдавит мое лицо носом в грязь».

Полина в очередной раз прогнала его – он поехал в Рим спасаться работой, писать «Дворянское гнездо». Ему помогал гений места, там

Гоголь создавал свои «Мертвые души». Среди руин Вечного города ближе виделись родные пейзажи, ярче представлялись русские деревни и поместья, громче слышались голоса героев.

27 октября 1858 года писатель поставил последнюю точку в романе. «Дворянское гнездо» было опубликовано в журнале «Современник» и изменило русский литературный ландшафт. Наконец, в полной мере развернулся талант Тургенева, и читателю предстала в чистом виде его новаторская проза.

* * *

Сюжет «Дворянского гнезда» банален настолько, что Иван Гончаров даже обвинил своего коллегу в плагиате. Мелодраматичная история, которая кончается уходом героини в монастырь, могла прийти в голову кому угодно. Читать тургеневский роман из-за сюжета все равно что идти в оперу на «Травиату», чтобы узнать, женится ли Альфред на Виолетте. Тургенев – первый русский писатель, открывший, что и в литературе главное – голос, но сам еще вряд ли понимавший, что именно он сделал для русской прозы. Так Колумб не осознал своего великого открытия и до конца был уверен, что нашел путь в Индию.

Он создал «тургеневский роман». Он дал возможность русскому языку раскрыться, показать то, что уже зрело, но еще было неявно, найти в русской прозе новую тональность – нежности, женственности, душевной чистоты. Рассказ о найденном и тотчас потерянном счастье дышит поэзией. Главный герой его прозы – пейзаж, природа, всегда искренняя, свежая, настоящая. Все его тексты – лиричны, все его произведения – стихотворения в прозе. В тургеневском романе, что бы там ни происходило, уютно. Тургенев поднимает читателя из грубой, циничной реальности в мир благородства, задушевности, возвращает утерянное, искреннее, детское. Дмитрий Мережковский напишет точные слова: «Толстой и Достоевский удивляют и поражают, а Тургенев пленяет».

Уже тогда было отмечено, что тургеневская проза обладает целебными свойствами. Прочитать несколько страниц Тургенева – будто совершить прогулку по весеннему лесу или вдохнуть полной грудью пряный запах летнего жаркого луга. Это чтение облегчает больную душу, как чашка горячего отвара лечебных трав помогает при простуде.

Успех «Дворянского гнезда был» ошеломительный. Читающая публика попала под волшебное обаяние тургеневской прозы. Михаил Салтыков-Щедрин писал: «Я давно не был так потрясен светлой поэзией, разлитой в каждом звуке этого романа. Да и что можно сказать о всех вообще произведениях Тургенева? То ли, что после прочтения их легко дышится, легко верится, тепло чувствуется? Что ощущаешь явственно, как нравственный уровень в тебе поднимается, что мысленно благословляешь и любишь автора? Но ведь это будут только общие места, а это, именно это впечатление оставляют после себя эти прозрачные, будто сотканные из воздуха образы, это начало любви и света, во всякой строке бьющее живым ключом».

Герой романа, Лаврецкий, вызывал сочувствие, но не восхищение. Он ничем не отличался от других «тургеневских мужчин», нерешительных, боящихся ответственности, пасующих перед действительностью. Снова Тургенев отдавал персонажу свою слабость. Свою силу, свою готовность к самопожертвованию, к истовому служению великому делу он отдал «тургеневской девушке».

Тургеневские девушки решительные, бескомпромиссные, сильные духом. Они не становятся взрослыми женщинами, не выходят замуж, не заботятся о быте, не знают материнства, не воспитывают детей. Их зовет неземное, нездешнее, не от мира сего. Они хотят стать частью чего-то великого, настоящего. Поделиться со своими героинями сокровенным – служением красоте – он не мог. Тургеневские девушки мечтают о других, доступных им высоких идеалах: о Боге или общественном служении. Их мечта – отдаться чьей-то высшей воле, растворить свою личность в каком-то великом деле, которое неизмеримо важнее их земного женского предназначения. Их призвание – не совершить круг земной жизни, а вырваться из него. Ради служения высокому идеалу они готовы принести в жертву своих нерожденных детей и все последующие нерожденные поколения, готовы прервать цепь жизни.

Тургеневские девушки – это, собственно, одна и та же тургеневская девушка, которая кочует из романа в роман. Эта девушка – сам Тургенев.

Реальные тургеневские девушки были другими, не имевшими ничего общего с чернильными персонажами. Реальной тургеневской девушкой была та крепостная, которую его мать послала 15-летнему сыну для первой физической близости. Реальной тургеневской девушкой была Авдотья Иванова – другая крепостная, которая родила от молодого барина дочь Пелагею. В письме Полине Виардо Тургенев рассказал: «Это было девять лет назад – я скучал в деревне и обратил внимание на довольно хорошенькую швею, нанятую моей матерью – я ей шепнул два слова – она пришла ко мне – я дал ей денег – а затем уехал – вот и все». Он просил принять дочку на воспитание в семью Виардо – за хорошее содержание – и добавил: «Что касается девочки, то надо, чтобы она совершенно забыла свою мать». Эта дочка дала ему материал для «Аси».

Лаврецкий – проекция жизненного пути Тургенева, если лишить его главного – творчества. Пока он ищет, стремится – интересно каждое движение его души. Научившийся пахать Лаврецкий и успокоившийся на этом, перестает быть интересным, и роман заканчивается. Писатель наносит своему герою coup de grâce, делая его довольным и нашедшим покой.

Лиза уходит в монастырь, отказываясь от земного ради истинного. Ее ждет спасение. Ей отдает Тургенев свою веру в истинное и свой отказ от земного. Его вера – Красота, ее – Бог. Они верят в одно и то же.

* * *

В конце жизни в предисловии к собранию сочинений Тургенев напишет: «"Дворянское гнездо" имело самый большой успех, который когда-либо выпал мне на долю. Со времени появления этого романа я стал считаться в числе писателей, заслуживающих внимание публики».

Его юношеская мечта о литературной славе осуществилась. После появления «Дворянского гнезда», по общему мнению, Тургенев не имел равных себе среди современных русских писателей. Еще не были написаны ни «Преступление и наказание», ни «Война и мир». Скипетр и держава русской литературы перешли на несколько лет к Тургеневу. Но испытания славой он не выдержал.

За писателя взялись «прогрессивные» критики, кумиры молодого поколения. При новом царствовании в стране началась «перестройка». Александр II готовил освобождение крестьян и фундаментальные реформы общества. Россия жила социальными вопросами. Эталон претензий к Тургеневу дал вождь революционеров-демократов Николай Чернышевский еще в знаменитой статье «Русский человек на rendez-vous», рецензии на «Асю», трогательную любовную историю: «Бог с ними, с эротическими вопросами, – не до них читателю нашего времени, занятому вопросами об административных и судебных улучшениях, о финансовых преобразованиях, об освобождении крестьян».

Ему годами внушали, что главное в «Записках охотника» – это критика крепостничества, и он прислушивался. Он помнил наказ своих учителей, прежде всего Белинского: в произведении обязательно должно быть идейное содержание. Властители дум писали о нем, как о социальном писателе, чутко улавливающем запросы общества. Николай Добролюбов, еще один трибун молодой России, объяснял успех Тургенева: «Он быстро угадывал новые потребности, новые идеи, вносимые в общественное сознание, и в своих произведениях неизменно обращал внимание на вопрос, уже смутно начинавший волновать общество. Этому чутью автора к живым струнам общества, этому умению тотчас отозваться на всякую благородную мысль и честное чувство, только еще начинающие проникать в сознание лучших людей, мы приписываем значительную долю того успеха, которым постоянно пользовался г. Тургенев в русской публике». Ему льстили, что он – барометр общественных настроений, и писатель поверил.

Немногие ценители Тургенева уже тогда понимали, что он допускает насилие критиков над своим талантом. Его друг литератор Александр Дружинин пытался предотвратить превращение гениального писателя в актуального беллетриста, живущего злобой дня: «Чуть начинается речь о сущности дарования, всеми признанного и всеми любимого, ошибка садится на ошибку, ложный суд идет за ложным судом. В писателе с незлобной и детской душою ценителя видят сурового карателя общественных заблуждений. В поэтическом наблюдателе зрится им социальный мудрец, простирающий свои объятия к человечеству. Они видят художника-реалиста в пленительнейшем идеалисте и мечтателе, какой когда-либо являлся между нами. Они приветствуют творца объективных созданий в существе, исполненном лиризма и порывистой, неровной субъективности в творчестве».

* * *

Тургенев был свободнее и независимее многих писателей, вынужденных бороться с нуждой. Он был обладателем громадного наследства, прекрасно устроенных имений, получал огромные гонорары за свои публикации. Но он не был ни свободным, ни независимым. Он не мог освободиться от себя, от своей зависимости от успеха, от мнения критики, от восхищения публики. Дружинин: «Тургенев был чересчур послушен, чересчур нежен и ласков со своими критиками. Он был не прочь иногда угодить их незаконным требованиям, поддакнуть их рутине, пококетничать с этими строгими сынами Аристарха. По натуре своей, принадлежа к числу людей, наиболее восприимчивых, многосторонних и любящих, он был слишком наклонен к ласковому повиновению ласковой критики». Это было предательство себя. Предательство своего дара.

Он хотел нравиться. Он ни на минуту не забывал, что его главными читателями будут критики, знавшие тенденции и уверенно крутившие штурвал общественного мнения. Он стал писать то, что от него ждали. Он действительно стал барометром их «тенденций».

Спустя пять лет после окончания «Рудина» Тургенев добавил в него эпилог, рассказывающий о гибели героя. Это было откликом на статью Добролюбова, в которой критик отметил устарелость этого типа героя для нового этапа в жизни России. Оказавшись непосредственным свидетелем боев в Париже в 1848 году, писатель ненавидел революцию и насилие, но послал теперь Рудина умереть на баррикадах.

Уже в следующем романе «Накануне», опубликованном в 1860 году, тургеневская девушка «исправляется», под именем Елены автор отправляет ее не в монастырь, а в бой. Она влюбляется в болгарина, который участвует в борьбе за освобождение своей родины от мусульманского ига. Елена в романе жертвует собой ради этой борьбы за высокие идеалы свободы. Это был его первый социальный роман.

Иногда он забывал, что должен изображать «тенденции». И тогда он писал свободно, оставаясь самим собой, певцом чувств, страсти, тоски, нежности. Сразу после «Накануне» из-под пера Тургенева выходит, пожалуй, лучшая его повесть, «Первая любовь» с ее гениальной концовкой, вырвавшейся из своей эпохи в прозу будущего.

Его тянуло писать о том, что вне времени, а его призывали писать о сегодняшнем, преходящем. Он был несравненным мастером в изображении мимолетных движений души, чутким психологом, его лучшие страницы – всегда гимн жизни со всеми ее светлыми и трагическими сторонами. Свой магический талант он должен был тратить для описания минутных тенденций быстро меняющегося современного общества. Вместо того, чтобы воспевать то, что казалось ему важным – красоту Божьего мира в природе и в человеке, он сочинял вымученные элоквенции либералов и демократов, терявшие свою актуальность уже к моменту опубликования. Его призывали искать и изображать дух времени, отображать реальность, и он послушно, но бестолково гонялся с сачком за реальностью, забыв, что писатель сам создает непреходящую реальность, что написанное им и останется духом его времени.

Теперь критика набросилась на писателя с обвинениями, что в «Накануне» он изобразил иностранца, патриота своей родины, а не русского человека, готового к борьбе за освобождение своего народа. Тургенев стал работать над образом «нигилиста». У него получился Базаров.

* * *

Писателю казалось, что ему удалось ухватить искомый «дух времени». Базаров – представитель молодого поколения, пришедшего на смену поколению самого Тургенева. Воинствующий материалист, он отрицает и религию, и все основы привычного человеческого общежития. Его вера – лягушки, которых он с радостью режет без всякой нужды, для удовлетворения собственного любопытства. Религия Базарова – наука, не знающая ни этического, ни эстетического, ни стыда, ни жалости. Не очень понимая, что делать с этим вышедшим из-под пера неуклюжим Големом, Тургенев пропускает его через любовное испытание, которое герой, конечно, с успехом преодолевает, убегая от пышнотелой красавицы Одинцовой, затем автор подгоняет хромающее действие дуэлью и, наконец, убивает персонажа, заразив его трупным ядом, который попадает Базарову в ранку при вскрытии умершего от тифа.

Тургенев был ошеломлен, когда вместо ожидаемых восторгов после выхода романа на него обрушилась критика из «передового» лагеря. Ведь писателю льстило, что «прогрессивная молодежь» считала его своим, а теперь автора обвинили в том, что он создал не портрет «нового человека», а карикатуру. Тургенев был уверен, что написал свой лучший роман, а о нем заговорили, что он исписался. Для молодых страстных борцов с царским режимом Тургенев был уже человеком прошлого.

Писатель старался, но не смог скрыть своего отношения к Базарову. Автор не только не любил своего героя, но вел с ним ожесточенную борьбу на страницах романа. Нигилист отрицал то, что было для Тургенева свято – искусство. Прекрасное было его врагом. Базаров не подпускал к себе искусство, боялся этой близости, потому что чувствовал, что враг этот сильнее его, что с этой силой ему было не справиться. В борьбе со своим персонажем Тургенев отстаивал себя, свой идеал, всю свою жизнь. Страх нигилиста перед прекрасным, перед искусством казался писателю его тайной победой. Но настоящей его победой в этом романе были только изображение природы и великолепный финал, в котором он описывает боль старых родителей на могиле сына.

Тургенев был глубоко задет реакцией на «Отцов и детей». Из кумира он попал в изгои. Он обиделся на передовых критиков, как ему кажется, предавших его, и порвал с «Современником», журналом, в котором он привык публиковать свои произведения и который пренебрежительно отзывался теперь о Тургеневе как о писателе прошлого, не успевающего отвечать на вызов времени.

С обидой в сердце писатель снова бежал из России. Полина в очередной раз приняла его и уже не отпускала. Виардо больше не пела, голос ушел, теперь они жили на деньги Тургенева. «Судьба не послала мне собственного моего семейства, и я прикрепился, вошел в состав чужой семьи, и случайно выпало, что это семья французская». Ему хотелось, чтобы это была его семья. Каждая из дочерей Виардо получила от него по сто тысяч франков приданого.

Издатели и читатели ждали от него новых романов, и он опять снова и снова проявлял малодушие, идя на поводу у «социальных запросов», стараясь догнать ускользающее время. И «Дым», вышедший в 1867 году, и «Новь», опубликованная в 1877, провалились и у критики, и у читающей публики. Он все не мог смириться с тем, что отстал окончательно, и опять принимался, предавая свой дар, упихивать в романы актуальное «идейное содержание». Ставить вопросы современности – быть вечно вчерашним. Время проходит, новые тенденции истлевают, превращаются в перегной для новейших.

Иногда он приезжал ненадолго в Россию, но ему там было неуютно. Неприятно было встречаться и с критиками, ругавшими его новые романы, и с писателями, завидовавшими его гонорарам. Достоевский зло изобразил Тургенева в виде карикатурного Кармазинова в «Бесах». Толстой презирал в нем барство и хотел убить на дуэли. В Европе его никто не собирался обижать, наоборот, перед ним благоговели как перед живым классиком, он сблизился с Гюставом Флобером, Эмилем Золя, Альфонсом Доде. Писатели встречались каждую неделю в ресторане и говорили о литературе. Тургенев достиг всего, о чем мечтал в юности, но счастлив свой судьбой он не был и жаловался в письмах, что доживает жизнь «на краю чужого гнезда». Его все равно тянуло назад. «Я люблю и ненавижу Россию, свою странную, милую, скверную, дорогую родину».

* * *

Пришли болезни и старость. Парижская знаменитость, врач Шарко, поставил писателю диагноз – грудная жаба. На самом деле это был рак костей позвоночника. Последние месяцы он неимоверно страдал, не мог ни ходить, ни даже просто стоять, засыпал только с морфием. Ему сделали ненужную операцию, вскрыв брюшную полость, что только усилило мучения и приблизило неизбежное.

Предчувствуя кончину, Тургенев надиктовал рассказ о юноше, который боялся умереть. «Я помню, что схватил за руку матроса и обещал ему десять тысяч рублей от имени матушки, если ему удастся спасти меня». «Пожар на море» был его последним текстом. Теперь он уже все написал и ждал смерти как освобождения от мучений. Рак разъедал позвоночник. Тургенев испытывал такие страшные, невыносимые боли, что хотел скорее умереть и просил дать ему яд или револьвер.

Всю жизнь презиравший свою слабость, он стал сильным, победив страх смерти. Он больше не боялся главного жизненного испытания, а ждал его. Тургенев отказался причащаться. Он не верил ни в воскрешение Христа, ни в свое собственное. Писатель знал, что его тело сгниет, а красоте не нужно бесконечно жить, чтобы быть вечной, — ей довольно одного мгновенья.

РУССКАЯ ИДЕЯ

Мой Достоевский

Для начала короткий quiz: откуда цитата?

России «нужны не проповеди (довольно она слышала их!), не молитвы (довольно она твердила их!), а пробуждение в народе чувства человеческого достоинства, столько веков потерянного в грязи и навозе, права и законы, сообразные не с учением церкви, а со здравым смыслом и справедливостью, и строгое, по возможности, их выполнение. А вместо этого она представляет собою ужасное зрелище страны, <…> где нет не только никаких гарантий для личности, чести и собственности, но нет даже и полицейского порядка, а есть только огромные корпорации разных служебных воров и грабителей».

Можно выбрать ответ из двух вариантов:

а) из блога российского оппозиционера-иноагента;

б) из письма Белинского Гоголю.

Правильный ответ: русское время – гайка со сломанной резьбой.

* * *

За чтение этого письма Белинского Достоевского приговорили к смертной казни. 22 декабря 1849 года после символического расстрела начался его путь в Сибирь и дальше к романам, сделавшим мировую литературу.

Завоевание западного читателя текстами Достоевского было стремительным. Успех был оглушительным. По степени известности «Преступление и наказание» и «Братья Карамазовы» и сейчас не имеют себе равных. Что так захватывало в тысячестраничных кирпичах? Напряжение детективной драмы? Безусловно. Достоевский мастер вскипятить нервы, срастить воедино читателя и убийцу. На взятие штурмом читательского внимания бросается все возможное и невозможное: бесчисленные скандалы, бесконечные каскады злословия, клеветы, злобных разоблачений, роковые женщины с истерическими припадками, сжигание денег, отцеубийства, кровавые заговоры, насилие над детьми. Средняя температура персонажей зашкаливает, каждый оскорблен и унижен, все ходят с воспаленными глазами, мечутся между взрывами гнева и тошнотворным самоуничижением. В этих романах от разлагающихся святых идет вонь, неплохие по сути своей люди крошат топорами черепа старух, грешники пускаются в самобичевание, и мужчина в конце концов целует не женщину, а землю. Читателя окунают в пафос, полощут в смеси ангельской возвышенности и сатанинской подлости, промывают психологической изощренностью зла.

Литературоведы добавили бы к разгадке огромной силы воздействия этой прозы термин «полифония», введенный Михаилом Бахтиным. В романах Достоевского нет всевидящего и всезнающего авторского ока, здесь все неясно, скомкано, ложно и подозрительно. Нет достоверных источников, каждый говорит свою правду или ложь, и читателю приходится самому распутывать хаос всех домыслов, слухов, предположений, догадок.

Но и всего этого все равно будет недостаточно, чтобы понять то колоссальное впечатление, которое произвел Достоевский на западных читателей. Есть кое-что еще. Самое важное. На каждой странице дышит между строк невидимый, но чрезвычайно тактильный персонаж, который не предстает столь живым и осязаемым ни в одном западном романе XIX века. Бог.

С романами Толстого и Достоевского началось вторжение нерационального в западный научный век пара и электричества. Русские слоны полезли в европейскую посудную лавку.

Со времен Просвещения «читающий тростник» сделался безбожником. «Бог умер», знаменитая цитата из книги «Веселая наука» — не заклинание и не крик отчаяния, а лишь сухой анализ культуры XIX века. Молодой Гегель уже выдал одно из многочисленных свидетельств о смерти, когда написал, что религия нового времени основана на этом чувстве: «Сам Бог мертв». Вот в чем заключается поистине шокирующее воздействие Достоевского на просвещенных западных читателей: в своих романах он забирает их с собой на отчаянный, страстный поиск живой веры. Все романы Достоевского имеют только одну тему: писатель ищет Бога в себе и показывает людей, идущих к вере во Христа. Для него это единственное, что имеет значение.

* * *

Белинский – Гоголю: «Взгляните себе под ноги: ведь Вы стоите над бездною...»

Этим ощущением стояния над бездной пропитана вся русская мысль XIX века.

Достоевский и его аватары в романах живут в предчувствии катастрофы. Гражданская война в России началась не с большевистской революции 1917 года, а поколениями раньше.

Гоголь спрашивал страну в своей поэме: «Русь, куда ж несешься ты? дай ответ».

И он уже подозревал, что «Русь-тройка» летит не к счастливому будущему, а в пропасть. Гоголь возражал Белинскому, что изменить земную жизнь можно лишь помня о своем «небесном гражданстве». Единственное спасение он видел в вере. Русский человек, даже такой мерзавец и проходимец, как Чичиков, может найти в себе Христа и родиться к новой жизни через смирение и страдание. И это единственный путь к преображению России. В этом Гоголь видел свое небесное призвание и земную задачу – показать в «Мертвых душах» христианское возрождение человека. В третьем, ненаписанном томе «Мертвых душ» Чичиков должен был возродиться во Христе через страдания на сибирской каторге.

Достоевский следует за Гоголем: спасти Россию может только христианское возрождение каждого – ни конституция, ни демократическое переустройство, ни революция.

Гоголь не предавался фантазиям о человеческой сущности, поэтому он не верил ни в образование, ни в технические, ни в социальные новшества, а только в действие благодати веры. Общественное зло можно победить только в христианском смирении. Сначала найти Христа в своей собственной душе, только тогда можно улучшить общество. Без внутреннего преображения не будет и социального преобразования.

«Вы хотите написать вторую библию» – говорили Гоголю. Он потерпел неудачу. Достоевский решился на новую грандиозную попытку. Его романы – это попытка написать третий том «Мертвых душ», довершить начатое Гоголем, спасти страну от шага в бездну, показать путь к Христу, к истинной вере, вдохнуть новую жизнь в мертвые души.

* * *

При этом Достоевский делает следующий важный шаг. Вера, очищенная от лжи и зла, должна спасти не только Россию, но и весь мир, все человечество. И тут возникает вопрос: если только Христос искупит человечество, то какой Христос? Христианства бывают разные.

В знаменитых «Философических письмах» Чаадаев впервые в русском общественном дискурсе свел на ринге католицизм и православие. Католичество победило в первом же раунде нокаутом. Отечественное бытие названо «мрачным и тусклым существованием», а причиной выпадения из цивилизованного мира было принятие христианства у Византии. «Что мы делали о ту пору, когда в борьбе энергического варварства северных народов с высокою мыслью христианства складывалась храмина современной цивилизации? Повинуясь нашей злой судьбе, мы обратились к жалкой, глубоко презираемой этими народами Византии за тем нравственным уставом, который должен был лечь в основу нашего воспитания. <…> Хотя мы и назывались христианами, плод христианства для нас не созревал». Православие, оттолкнувшись от Запада, загнало Россию в интеллектуальный и духовный тупик.

Православной монархии вонзили нож в спину. Монарх защитил православие как мог: объявил автора сумасшедшим. На этом дискуссия власти с Чаадаевым была закончена, но публикация письма стала началом раскола в русском самосознании. Православие – бремя и проклятие судьбы, или счастливое своеобразие и шанс?

Достоевский был убежден, что только православная вера сохранила истинный образ Христа, что только русский народ сохранил чистоту изначального христианства. Ему казалось, что спасение мира лежит в незапятнанной, исконной вере простых русских крестьян. Христос сохранился только в Восточной Церкви, потому что католицизм предал идеалы христианства ради земной власти.

Достоевский был не первым, кто пришел к «русской идее». О том, что спасение потерявшей свое истинное христианство Европе может прийти от православного русского народа писал уже Иван Кириевский, автор вышедшего в 1852 году эссе «О характере просвещения Европы и о его отношении к просвещению России». Автор этого некролога Западу, как и другие славянофилы, провел многие годы своей жизни в столицах Западной Европы и был хорошо знаком с их языками, литературой и интеллектуальным миром. После учебы у Гегеля в Берлине и Шеллинга в Мюнхене Киреевский какое-то время издавал журнал «Европеец». Немецкий философский гений разбудил в студентах из Москвы и Петербурга дремлющую русскую душу. Комплекс неполноценности в молодых людях из России в германских университетах компенсировался чувством русской грандиозности и избранности. Русская философия возникла как оппозиция «чужому» мышлению.

Философствовать можно в одиночку, но исповедовать веру лучше сообща.

Киреевский нащупал разницу между чужой, западной и своей, русской философией: «Там разделение сил ума – здесь стремление к живому союзу». Славянофилы развили это в понятие «соборности».

Достоевский развивает «русскую идею» до ее логического завершения (к чему задолго до него уже пришел в своих письмах к царю старец псковского монастыря XVI века монах Филофей): исторически обусловленное сохранение истинной веры исключительно в России, в «третьем Риме», делает русских новым богоизбранным народом. Их миссия теперь – искупить человечество.

Протопоп Аввакум написал манифест христианского пути страданий и готовности пройти его до конца: «Время приспе страдания, подобает нам неослабно страдати!»

По Достоевскому, как отдельный человек приходит к Христу только через страдания, так и целый народ. Русские своими страданиями из поколения в поколение «заслужили» явить миру истинного Христа. Страдание как осознанный выбор представляет собой путь очищения. Для Достоевского кровавая, беспощадная история России – важное доказательство избранности соотечественников. «Я думаю, самая главная, самая коренная духовная потребность русского народа есть потребность страдания, всегдашнего и неутолимого, везде и во всем. Этою жаждою страдания он, кажется, заражен искони веков. Страдальческая струя проходит через всю его историю, не от внешних только несчастий и бедствий, а бьет ключом из самого сердца народного. У русского народа даже в счастье непременно есть часть страдания, иначе счастье его для него неполно» («Дневник писателя», 1873).

* * *

«Русская идея» Достоевского делает первые шаги в его прозу во время вынужденной поездки в Европу в 1867–1871 годах, когда ему пришлось бегством за границу спасаться от кредиторов. Писатель задумал грандиозное произведение, цикл романов под общим названием «Атеизм». В своих письмах он неоднократно подчеркивал, что для него этот проект – дело жизни, «литературная мысль, <…> перед которой вся моя прежняя литературная карьера была только дрянь и введение». Первым в этом ряду стал «Идиот» (1868). Впервые в художественном тексте писатель провозглашает «русскую идею» urbi et orbi.

То, что говорит главный герой романа, часто почти слово в слово повторяется в публицистике Достоевского и поэтому может быть прочитано как его личная исповедь. В романе за автора с мессианским пылом в бой вступает князь Мышкин: «Католичество римское даже хуже самого атеизма, таково мое мнение. Да! <…> Атеизм только проповедует нуль, а католицизм идет дальше: он искаженного Христа проповедует, им же оболганного и поруганного, Христа противоположного! Он антихриста проповедует, клянусь вам, уверяю вас! <…> По-моему, римский католицизм даже и не вера, а решительно продолжение Западной Римской империи, и в нем всё подчинено этой мысли, начиная с веры. Папа захватил землю, земной престол и взял меч; с тех пор всё так и идет, только к мечу прибавили ложь, пронырство, обман, фанатизм, суеверие, злодейство, играли самыми святыми, правдивыми, простодушными, пламенными чувствами народа, всё, всё променяли за деньги, за низкую земную власть».

Достоевский приходит к полному отрицанию Римской церкви. Он считает папство величайшей разрушительной силой: Рим предал Христа.

Атеизм – порождение католицизма. Этим тезисом князь Мышкин сотрясает основы западного мироздания: «Атеизм от них вышел, из самого римского католичества! <…> Он порождение их лжи и бессилия духовного! Атеизм! У нас не веруют еще только сословия исключительные, <…> корень потерявшие; а там уже страшные массы самого народа начинают не веровать, – прежде от тьмы и от лжи, а теперь уже из фанатизма, из ненависти к церкви и ко христианству!»

Все социальные теории, пришедшие в Россию с Запада, только ввергнут ее в несчастье. Позитивизм, социализм, капитализм, рационализм, материализм – это лишь разные стороны все того же атеизма. И в «Идиоте», и в публицистике Достоевский упоминает идею социализма на одном дыхании с католицизмом и решительно отвергает ее как бесчеловечную идеологию господства, основанную на лжи и насилии. Мышкин: «Ведь и социализм порождение католичества и католической сущности! Он тоже, как и брат его атеизм, вышел из отчаяния, в противоположность католичеству в смысле нравственном, чтобы заменить собой потерянную нравственную власть религии, чтоб утолить жажду духовную возжаждавшего человечества и спасти его не Христом, а тоже насилием! Это тоже свобода чрез насилие, это тоже объединение чрез меч и кровь! "Не смей веровать в бога, не смей иметь собственности, не смей иметь личности, fraternité ou la mort, два миллиона голов!"»

Атеизм и социализм таят в себе особую опасность для русского народа. Русские с их «духовной жаждой» особенно восприимчивы к западным соблазнам. Православие в русской душе, не терпящей пустоты, может быть заменено только другой, более сильной верой. Достоевский кричит устами князя: «У нас коль в католичество перейдет, то уж непременно иезуитом станет, да еще из самых подземных; коль атеистом станет, то непременно начнет требовать искоренения веры в бога насилием, то есть, стало быть, и мечом! <…> Атеистом же так легко сделаться русскому человеку, легче чем всем остальным во всем мире! И наши не просто становятся атеистами, а непременно уверуют в атеизм, как бы в новую веру, никак и не замечая, что уверовали в нуль. Такова наша жажда!»

Истинную веру необходимо защищать от Запада. Веру в избранность древнего Израиля Достоевский переносит на русский народ как новый Израиль. Ведь русский народ заключил свой завет с Богом и призван следовать за истинным Христом и спасти человечество. Эту мысль Достоевский тоже вкладывает в уста Мышкина: «Нам нужен отпор, и скорей, скорей! Надо, чтобы воссиял в отпор Западу наш Христос, которого мы сохранили и которого они и не знали!»

Князь Мышкин спешит объяснить план объявленной войны, прежде чем разобьет китайскую вазу, и его филиппика закончится эпилептическим припадком: «Не рабски попадаясь на крючок иезуитам, а нашу русскую цивилизацию им неся, мы должны теперь стать пред ними <…>. Откройте жаждущим и воспаленным Колумбовым спутникам берег Нового Света, откройте русскому человеку русский Свет, дайте отыскать ему это золото, это сокровище, сокрытое от него в земле! Покажите ему в будущем обновление всего человечества и воскресение его, может быть, одною только русскою мыслью, русским богом и Христом, и увидите, какой исполин, могучий и правдивый, мудрый и кроткий, вырастет пред изумленным миром, изумленным и испуганным, потому что они ждут от нас одного лишь меча, меча и насилия, потому что они представить себе нас не могут, судя по себе, без варварства».

Священная война, провозглашаемая на страницах романа, направлена против нигилизма – для Достоевского этот термин является синонимом как неверия, так и любой иной веры. Под нигилизмом он понимает все, что приходит с Запада и препятствует развитию истинной, то есть православной веры.

* * *

Западному представлению о русских как о варварах Достоевский противопоставляет великую миссию русского народа как «народа-богоносца». Вестником и вестью этой идеи писатель сделает позже старца Зосиму в «Братьях Карамазовых», который должен олицетворять русский мир Христа, мир любви и преданности, сострадания и прощения: «От народа спасение Руси. Русский же монастырь искони был с народом. Если же народ в уединении, то и мы в уединении. Народ верит по-нашему, а неверующий деятель у нас в России ничего не сделает, даже будь он искренен сердцем и умом гениален. Это помните. Народ встретит атеиста и поборет его, и станет единая православная Русь. Берегите же народ и оберегайте сердце его. В тишине воспитайте его. Вот ваш иноческий подвиг, ибо сей народ – богоносец».

Для Достоевского Россия предстает «Христом народов». Чтобы спастись, другие народы должны обратиться к истинной вере в Бога, которая жива только в Православной Церкви. Судьба России – пролиться светом с Востока на Запад, к ослепленному человечеству, потерявшему Христа. «Не в православии ли одном сохранился божественный лик Христа во всей чистоте? И может быть, главнейшее предызбранное назначение народа русского в судьбах всего человечества и состоит лишь в том, чтоб сохранить у себя этот божественный образ Христа во всей чистоте, а когда придет время, явить этот образ миру, потерявшему пути свои!» («Дневник писателя», 1873).

Достоевский не устает повторять в самых разных текстах, что задачей России является пророческая миссия по спасению всей Европы от будущих катастроф: «Утраченный образ Христа сохранился во всем свете чистоты своей в православии. С Востока и пронесется новое слово миру навстречу грядущему социализму, которое, может, вновь спасет европейское человечество. Вот назначение Востока, вот в чем для России заключается Восточный вопрос» («Дневник писателя», ноябрь 1877).

Доходит до того, что один из голосов писателя, Шатов в «Бесах», восклицает: «Я верую в Россию, я верую в ее православие… Я верую, что новое пришествие совершится в России…»

* * *

С этой мессианской точки зрения Достоевский видит и российскую историю, в том числе реформы Петра I. В «Дневнике писателя» (июнь 1876) он пишет, что старая Россия, закрытая для Европы, «про себя же понимала, что несет внутри себя драгоценность, которой нет нигде больше, – православие, что она – хранительница Христовой истины, но уже истинной истины, настоящего Христова образа, затемнившегося во всех других верах и во всех других народах». Оставить эту «драгоценность» только для себя было бы преступно – нужно было открыться и поделиться богатством с миром. Русская миссия заключается в явлении и самоотверженной передаче сохранившегося христианского сокровища, православной истины, всем остальным народам.

Для Достоевского открытие страны, предпринятое Петром, не имело целью служить распространению западных достижений науки, техники и идей в России, а должно было дать возможность осветить Богом забытую Европу светом истинного христианства с Востока. Смысл «окна в Европу» состоит в том, чтобы Россия смогла осуществить свое предназначение: достичь «окончательного братского единения всех народов по закону Христа и Евангелия».

Этому «окончательному единению всех народов» русский народ должен помочь в качестве «слуги». Осчастливить мир православием – «это потребность наша всеслужения человечеству, даже в ущерб иногда собственным и крупным ближайшим интересам». Достоевский употребляет пренебрежительное слово для русских – «слуги», но придает ему высокое значение: «Таким образом, через реформу Петра произошло расширение прежней же нашей идеи, русской московской идеи, получилось умножившееся и усиленное понимание ее: мы сознали тем самым всемирное назначение наше, личность и роль нашу в человечестве, и не могли не сознать, что назначение и роль эта не похожи на таковые же у других народов, ибо там каждая народная личность живет единственно для себя и в себя, а мы начнем теперь, когда пришло время, именно с того, что станем всем слугами, для всеобщего примирения. И это вовсе не позорно, напротив, в этом величие наше, потому что всё это ведет к окончательному единению человечества. Кто хочет быть выше всех в царствии Божием – стань всем слугой. Вот как я понимаю русское предназначение в его идеале» («Дневник писателя», июнь 1976).

Орудием осуществления русской миссии, сохранения и распространения православной веры служит государство: русское православное царство. В письме своему другу Майкову из Женевы в марте 1868 года Достоевский писал: «Наша конституция есть взаимная любовь Монарха к народу и народа к Монарху. Да, любовное, а не завоевательное начало государства нашего (которое открыли, кажется, первые Славянофилы) есть величайшая мысль, на которой много созиждется. Здесь я за границей окончательно стал для России, – совершенным монархистом. У нас если сделал кто что-нибудь, то, конечно, один только он (да и не за это одно, а просто потому, что он царь, излюбленный народом Русским, и лично, и потому что царь. У нас народ всякому царю нашему отдавал и отдает любовь свою, и в него единственно окончательно верит. Для народа – это таинство, священство, миропомазание). Западники ничего в этом не понимают, и они, хвалящиеся основанностью на фактах, главный и величайший факт нашей истории просмотрели».

Отношения между властью и народом, по глубокому убеждению Достоевского, должны основываться не на общественном договоре, не на конституции и парламентаризме, а на «соборности», братской общине во Христе, которая делает государство воплощением самой идеи народа.

Идеальное развитие государства Достоевский видит в теократии. В «Откровении Иоанна» было предсказано теократическое царство: грядущее мировое правительство праведников под правлением Христа. Иван Карамазов выражает точку зрения своего автора, когда говорит, что государство должно слиться с церковью, чтобы гражданский суд был подчинен суду Божию. Там, где государство и церковь едины, преступнику не будет места, чтобы скрыться от наказания. Расплата будет ждать его и в этом мире, и в том, что приведет к прекращению всех преступлений. «По русскому же пониманию и упованию надо, чтобы не церковь перерождалась в государство, как из низшего в высший тип, а напротив, государство должно кончить тем, чтобы сподобиться стать единственно лишь церковью и ничем иным более».

Достоевский искренне мечтал о том, чтобы все народы земли, происходящие от Сима, Хама и Иафета, объединились в братское единство. Единственную и неизбежную предпосылку он видел в союзе во Христе, но только в русском православном Христе.

* * *

На метафизической карте «русской идеи» границы православной веры и Российской империи тождественны. «Неверные» всех мастей окружают православную твердыню и жаждут христианской крови, а царь и его крестьяне-христиане готовы жить и умереть в духовном единении за свою православную веру, сражаться за святую родину и жертвовать всем. С русскими победами территория истинного христианства расширяется, с поражениями – сокращается. «Неверные» страны мешают России распространить свою бескорыстную христианскую политику на Европу и Азию и тем самым выполнить ее богоносную миссию.

Достоевский приветствовал в «Дневнике писателя» победы генерала Скобелева в Средней Азии: «Пусть... в миллионах народов, до самой Индии, даже и в Индии, пожалуй, растет убеждение в непобедимости белого царя, и в несокрушимости меча его... У этих народов могут быть свои ханы и эмиры, в уме и воображении их может стоять грозой Англия... Но имя белого царя должно стоять превыше ханов и эмиров, превыше индейской императрицы (так Достоевский пинает походу королеву Англии. – М.Ш.), превыше даже самого калифова имени. Пусть калиф, но белый царь есть царь и калифу».

Для Достоевского внешняя политика царского правительства была политикой христианской и нравственной. Европейские государства, бросая вызов России, выступают против истины и Христа и в конечном итоге наносят вред себе и ставят под угрозу собственное будущее.

С началом Балканской войны в 1876 году открылись перспективы реализации «русской идеи». Мечты Достоевского, казалось, стали сбываться. Царское правительство поддержало освободительную борьбу славянских балканских народов и объявило войну Османской империи. Цель была ясна: пришло время освободить колыбель правой веры – Константинополь.

В русском обществе война вызвала бурю энтузиазма. Добровольцы тысячами устремились в Сербию из России, чтобы помочь своим православным братьям. Достоевский, охваченный мессианским восторгом, считал эти события предзнаменованием скорого исторического поворота к новой христианской эпохе. Его «русская идея» – для многих россиян с либеральными «западными» взглядами вредная утопия – становилась реальностью. Праведная православная империя вступила в «священную войну» против «неверных» как великая христианская защитница всех славянских народов. Избранный русский народ пришел на помощь своим братьям во Христе.

Для Достоевского освобождение Константинополя было прямым продолжением великого подвига Петра I. Русский путь вёл «народ-богоносец» из Москвы через Санкт-Петербург и Константинополь дальше в будущее, к христианской братской семье народов в отеческих объятиях православного царя. «Для такого назначения России нужен Константинополь, так как он центр восточного мира. Россия уже сознает про себя, с народом и царем своим во главе, что она лишь носительница идеи Христовой, что слово православия переходит в ней в великое дело, что уже началось это дело с теперешней войной, а впереди перед ней еще века трудов, самопожертвования, насаждения братства народов и горячего материнского служения ее им, как дорогим детям» («Дневник писателя», ноябрь 1877).

Бои на Балканах еще продолжались, а публицисты в Москве уже вели жаркие споры о том, кому должен принадлежать город-символ на Босфоре. Достоевского возмутило предложение, чтобы Константинополь, во главе славянской конфедерации, принадлежал всем народам в равной степени: «Как может Россия участвовать во владении Константинополем на равных основаниях с славянами, если Россия им неравна во всех отношениях – и каждому народцу порознь и всем им вместе взятым? <…> Константинополь должен быть наш, завоеван нами, русскими, у турок и остаться нашим навеки» («Дневник писателя», ноябрь 1877).

Многообещающее начало реализации «русской идеи» вскоре обернулось разочарованием. Хотя русская армия разгромила турок, долгожданное воздвижение православного креста на куполе Святой Софии не состоялось. Мир был подписан в Сан-Стефано, откуда были видны купола неосвобожденного собора, но Константинополь не стал ни новым Иерусалимом, ни новой русской столицей православного мира. Внешнюю политику империи царь и его министры вели не по тезисам писательской «русской идеи», а в дипломатических битвах с Англией, Францией, Германией и Австрией. Западные державы спасли Османскую империю на Берлинском конгрессе в 1878 году. Русская патриотическая общественность почувствовала себя обманутой, лишенной плодов победы. Разочарование Достоевского было безмерно. Победоносное шествие православия в мир, с помощью которого Россия должна была выполнить свою всемирно-историческую миссию, было отложено на неопределенный срок.

*   *   *

У «русской идеи» были еще враги, гораздо более коварные и опасные, чем Османская империя и западные державы: революционеры.

Для Достоевского высший дар Божий человеку – это свобода, свобода прийти ко Христу. Человек свободен выбирать между злом и добром. Учение Достоевского о свободе выбора делает понятным, почему он с такой энергией боролся против революционных идей: русская молодежь выбирала революцию, а не церковь.

С эпохальным освобождением крепостных в 1861 году Россия вступила на путь, по которому пошли в своем социальном развитии западные страны. Реформы Александра II и сейчас, через полтора столетия, звучат так, будто они взяты из недосягаемого русского будущего: равенство всех перед законом, разделение судов и администрации, независимость и несменяемость судей, формирование суда присяжных и публичные слушания, земство, самоуправление городов, автономия университетов. Страна двигалась к конституции семимильными шагами.

Преградой на этом пути реформ оказалась «прогрессивная» интеллигенция, которая объявила войну правительству и начала охоту за царем-освободителем. «Свержение самодержавия» и «революция» стали магическими словами, наполнившими души и сердца начитанных юношей и девушек, решивших посвятить свою жизнь освобождению непросвещенного народа. Русская душа, жаждущая идеалов, вновь обрела цель, столь важную, что ради нее можно было пожертвовать жизнью.

«Образованное общество» полностью было на стороне террористов и всеми силами поддерживало их в войне против царского режима. Показательным в этом отношении стал знаменитый суд над Верой Засулич, на котором присутствовал Достоевский. Террористка была оправдана под овации восторженной публики. Публичное осуждение Достоевским этого оправдания стало отчаянным гласом вопиющего в пустыне.

В конце романа «Преступление и наказание» Родиону Раскольникову снится чума, которая опустошит мир: «Ему грезилось в болезни, будто весь мир осужден в жертву какой-то страшной, неслыханной и невиданной моровой язве, идущей из глубины Азии на Европу. <...> Появились какие-то новые трихины, существа микроскопические, вселявшиеся в тела людей. <...> Люди, принявшие их в себя, становились тотчас же бесноватыми и сумасшедшими. Но никогда, никогда люди не считали себя так умными и непоколебимыми в истине, как считали зараженные. Никогда не считали непоколебимее своих приговоров, своих научных выводов, своих нравственных убеждений и верований. Целые селения, целые города и народы заражались и сумасшествовали. Все были в тревоге и не понимали друг друга, всякий думал, что в нем в одном и заключается истина, и мучился, глядя на других, бил себя в грудь, плакал и ломал себе руки. Не знали, кого и как судить, не могли согласиться, что считать злом, что добром. Не знали, кого обвинять, кого оправдывать. Люди убивали друг друга в какой-то бессмысленной злобе. Собирались друг на друга целыми армиями, но армии, уже в походе, вдруг начинали сами терзать себя, ряды расстраивались, воины бросались друг на друга, кололись и резались, кусали и ели друг друга. В городах целый день били в набат: созывали всех, но кто и для чего зовет, никто не знал того, а все были в тревоге. Оставили самые обыкновенные ремесла, потому что всякий предлагал свои мысли, свои поправки, и не могли согласиться; остановилось земледелие. Кое-где люди сбегались в кучи, соглашались вместе на что-нибудь, клялись не расставаться, – но тотчас же начинали что-нибудь совершенно другое, чем сейчас же сами предполагали, начинали обвинять друг друга, дрались и резались. Начались пожары, начался голод. Все и всё погибало. Язва росла и подвигалась дальше и дальше».

Достоевский – не Нострадамус, чтобы с точностью до года предсказывать все чумы, поражающие человечество. Конечно, писатель имел в виду не «ковид-19», а вирус идеологической нетерпимости, уже заразивший в то время весь мир и особенно Россию. Вирус, который стал причиной революций и войн кровавого XX века с беспрецедентными жертвами. В этой готовности разрушать, уничтожать и убивать во имя высших идеалов он видел семена неизбежно надвигающейся катастрофы.

Ему ясно виделась причина – растущее отчуждение российской интеллигенции от «почвы», от крестьянства, от религии, от Христа.

«Образованное общество» требовало просвещения неграмотного населения, новых школ и больниц. Достоевский считал просвещение по западному образцу шагом в неверном направлении. Под народным просвещением он понимал что-то совсем другое: «Под просвещением я разумею (думаю, что и никто не может разуметь иначе) – то, что буквально уже выражается в самом слове «просвещение», то есть свет духовный, озаряющий душу, просвещающий сердце, направляющий ум и указывающий ему дорогу жизни» («Дневник писателя», 1880).

Его критиковали за консервативные взгляды, но Достоевский смотрел не назад, а вперед. Он видел Россию над бездной, предчувствовал катастрофу. Он хотел сохранить для своих соотечественников будущее.

Случай в революционном кружке в Москве (студент был убит своими соратниками) подтолкнул его к написанию «Бесов». Название отсылает к изгнанию Христом бесов, которых он превратил из одержимых ими людей в свиней. Смысл очевиден: Достоевский сравнивает русских революционеров со злыми духами, которые гонят стадо свиней в пропасть. Тотальная одержимость пусть и самой прекрасной идеей довела их до насилия. В своей идеологической слепоте они не видели и не жалели жизни ни себя, ни других. (Заметим в скобках, что свиньи, одержимые злыми демонами, очевидно, не утонули в озере, а отправились прямиком в «Скотный двор» Джорджа Оруэлла).

Ирония русской трагедии: в действительности «одержимые злыми духами» часто оказывались лучшими дочерями и сыновьями народа, готовыми во имя своих идеалов пойти на каторгу и смертную казнь. Они массово отправлялись на каторгу в Сибирь, но не для того, чтобы искупить страданиями вину и возродиться во Христе. В своей готовности к страданиям молодые революционеры были прямыми последователями Аввакума. Их пытали и мучили, но страдания не привели их к благодати через покаяние перед Богом. Перед казнью они отказались исповедоваться. Их мужество могло вызвать только уважение и восхищение; революционеры были мучениками, но не мучениками Христа, а мучениками – для Достоевского – пустоты. Они искали истинную веру, но нашли не ту. Они были хорошими людьми, но умножали зло на земле. Все его произведения – предупреждения об опасной болезни, поразившей страну, сигналы тревоги: падение в кровавое варварство возможно в любой момент.

В одной из статей 1873 года Достоевский заметил, что террористы отнюдь не монстры: «В возможности считать себя, и даже иногда почти в самом деле быть, немерзавцем, делая явную и бесспорную мерзость, – вот в чем наша современная беда!»

Беседа вернувшегося Христа с Великим Инквизитором, знаменитая легенда, рассказанная Иваном Карамазовым в «Братьях Карамазовых», – это не только памфлет против ненавистной католической церкви, но и притча о будущем: все идеологии, обещающие свободу, братство, равенство и любовь, в безбожном мире заканчиваются одинаково. В XX веке человечество переживет трагическое воплощение лучших социальных утопий.

Своим Раскольниковым, своими «Бесами» Достоевский хотел дать понять, что те люди, которые одержимы идеологией и хотят улучшить мир, несравненно страшнее банальных преступников. Самая лучшая идея становится преступной мерзостью, если она дает право совершать преступления во имя добра.

Наверно, самые известные слова Достоевского: «Если б кто мне доказал, что Христос вне истины, и действительно было бы, что истина вне Христа, то мне лучше хотелось бы оставаться со Христом, нежели с истиной».

Достоевский остался со своим Христом, Россия последовала за другой правдой, правдой «бесов».

* * *

На страницах своих романов Достоевский борется со всеми идеями, религиями, нациями, которых он считает опасными и вредными для его «русской идеи»: католиками, нигилистами, поляками, евреями, турками, немцами. Современный читатель не раз вздрогнет от «политической некорректности», прочитав про «жидов» или «грязных полячишек». Объяснения, что в те времена эти слова не были столь оскорбительны, как сегодня, не спасают писателя: они были достаточно оскорбительны и тогда. И это был его сознательный жест. Это была его борьба, его битва, его «священная война». Он защищал то, что было ему дороже всего, от своих врагов доступными ему средствами – словами.

Ненависть Достоевского к революционерам почти фанатична. Страстная вера русской молодежи в революцию возвышала ее до своего рода монотеистической религии, а это исключало христианство в виде православной «русской идеи», то есть другой монотеистической религии. Бог один. Или – или.

То же самое относилось и к мессианской религии избранного народа – иудаизму. Антисемитизм Достоевского носил не бытовой, а идеологический характер. В своем знаменитом монологе о спасении мира Шатов в «Бесах» говорит из самого сердца автора: «Если великий народ не верует, что в нем одном истина (именно в одном и именно исключительно), если не верует, что он один способен и призван всех воскресить и спасти своею истиной, то он тотчас же перестает быть великим народом и тотчас же обращается в этнографический материал, а не в великий народ. Истинный великий народ никогда не может примириться со второстепенною ролью в человечестве или даже с первостепенною, а непременно и исключительно с первою».

Достоевский повторяет эти слова дословно в своем дневнике. Писатель остро чувствовал в еврейском мессианизме угрозу для своей «русской идеи». Как могут сосуществовать два народа, избранные Богом? Избранный народ может быть только один.

Достоевский встает перед неразрешимой проблемой и срывается в судорожное осуждение евреев при каждом удобном случае. Из письма писателя жене из Бад-Эмса 9 августа 1879 года: «Вещи здесь страшно дороги, ничего нельзя купить, всё жиды. Купил бумаги (писчей) и перьев гадчайших, заплатил чертову кучу, точно мы где-нибудь на необитаемом острове. Здесь всё жиды! Даже в наехавшей публике чуть не одна треть разбогатевших жидов со всех концов мира».

В письме к журналисту Аркадию Ковнеру Достоевский оправдывается в обвинениях в антисемитизме, но сразу же объясняет причины своей ненависти: «Я вовсе не враг евреев и никогда им не был. Но уже 40-вековое, как Вы говорите, их существование доказывает, что это племя имеет чрезвычайно сильную жизненную силу, которая не могла, в продолжение всей истории, не формулироваться в разные status in statu».

Его яростные выпады против иудаизма неизбежно порождают подозрение, что Достоевский испытывал к евреям нечто вроде скрытой зависти. Должно быть, сама мысль была для него невыносима: если евреи уже 40 веков – избранный народ, то кто же мы, русские, «самозванцы»?

Достоевский питает неприязнь ко всем другим национальностям, кроме «богобоязненного русского народа».

После раздела Польши большая часть католической страны вошла в границы России. Для Достоевского Польша была восточным форпостом враждебной западной цивилизации. Тот факт, что католическая церковь сыграла ведущую роль в польском вооруженном восстании 1863 года, подлил масла в огонь его ненависти.

Восстание поляков против царского гнета «за вашу и нашу свободу» Достоевский понял со своей точки зрения: на его геополитической карте Польша находилась на границе славянского и европейского миров; для него это был конфликт не наций, а идей. В записной книжке за 1863 год он пишет: «Польская война есть война двух христианств – это начало будущей войны православия с католичеством, другими словами – славянского гения с европейской цивилизацией».

Польский католицизм был особенно отвратителен Достоевскому, так как он видел в поляках братьев-предателей в славянской семье. Для него польское восстание было предательством общего дела, в котором Россия стремилась объединить славян.

В каждом романе Достоевский не устает мстить «предателям». Среди самых отвратительных персонажей с отрывом лидируют поляки: «жалкие полячишки», всегда неряшливо одетые, позеры, мошенники, наглые обманщики, самозванцы, лжешляхтичи и лжестрадальцы.

Великорусский патриотизм ослепил и многих критиков царизма того времени. Только Александр Герцен из лондонской эмиграции поддерживал борьбу поляков против русской армии. Это стоило ему потери огромной популярности среди русской «прогрессивной» общественности.

Доставалось от Достоевского всем национальностям. Например, татарам. В 1876 году впервые обсуждался вопрос о том, следует ли переселить татар из Крыма. Возможности депортации горячо дебатировались в газетах. В «Дневнике писателя» (июль – август 1876) Достоевский комментирует это так: «"Московские ведомости" проводят дерзкую мысль, что и нечего жалеть о татарах – пусть выселяются, а на их место лучше бы колонизировать русских. <…> согласятся ли у нас все с этим мнением "Московских ведомостей", с которым я от всей души соглашаюсь, потому что сам давно точно так же думал об этом "крымском вопросе". Мнение решительно рискованное, и неизвестно еще, примкнет ли к нему либеральное, всё решающее мнение. <…> Вообще если б переселение русских в Крым (постепенное, разумеется) потребовало бы и чрезвычайных каких-нибудь затрат от государства, то на такие затраты, кажется, очень можно и чрезвычайно было бы выгодно решиться. Во всяком ведь случае, если не займут места русские, то на Крым непременно набросятся жиды и умертвят почву края…»

Не остались обделенными и швейцарцы. В Женеве Достоевский пережил трудные времена, унижение от финансовых трудностей после катастрофических проигрышей в рулетку, трагедию смерти: его первенец Соня умерла в возрасте трех месяцев. В этой смерти Достоевский винил Швейцарию в одном из писем – если бы они были в России, Соня бы осталась жить.

Но главное, он не может простить Швейцарии так называемые «женевские идеи». Для Достоевского Швейцария – страна Руссо, место, где зародился западноевропейский интеллектуальный мир без Бога. «Женевские идеи» осуждаются в романе «Подросток», и автор полностью поддерживает в этом своих героев. Именно в этом, по мнению Достоевского, заключалось главное заблуждение западной цивилизации: добродетель возможна без Христа. Величайшая и трагическая ошибка человечества – это идея, что Бог и религия не нужны для достижения счастья. Человек рождается счастливым, свободным и добрым, утверждал Руссо. Достоевский возражал: «Человек не родится для счастья. Человек заслуживает свое счастье и всегда страданием» (из записей к «Преступлению и наказанию»).

В качестве благодарности за годы, проведенные писателем в Швейцарии, жители альпийской республики получили следующие строки: «О, если б Вы понятие имели об гадости жить за границей на месте, если б Вы понятие имели о бесчестности, низости, невероятной тупости и неразвитости швейцарцев. Конечно, немцы хуже, но и эти стоят чего-нибудь! На иностранцев смотрят здесь как на доходную статью; все их помышления о том, как бы обманывать и ограбить. Но пуще всего их нечистоплотность! Киргиз в своей юрте живет чистоплотнее… Я ужасаюсь; я бы захохотал в глаза если б мне сказали это прежде про европейцев. Но чорт с ними! Я ненавижу их дальше последнего предела!» (из письма Майкову от 4 июля 1868 года из Веве).

Николай Страхов, друг и биограф Достоевского, вспоминал в письме к Льву Толстому: «В Швейцарии, при мне, он так помыкал слугою, что тот обиделся и выговорил ему: "Я ведь тоже человек". Помню, как тогда же мне было поразительно, что это было сказано проповеднику гуманности и что тут отозвались понятия вольной Швейцарии о правах человека».

* * *

Знаменитая Пушкинская речь стала последней попыткой донести «русскую идею» до широкой публики. 8 июня 1880 года в Москве был открыт памятник Пушкину. Слова Достоевского были не просто торжественной речью, они стали его завещанием – он и не подозревал, что это будет его последнее публичное выступление. Ему оставалось жить всего несколько месяцев.

В этой речи Достоевский повторил основные принципы своей «русской идеи»: «Стать настоящим русским и будет именно значить: стремиться внести примирение в европейские противоречия уже окончательно, указать исход европейской тоске в своей русской душе, всечеловечной и воссоединяющей, вместить в нее с братскою любовию всех наших братьев, а в конце концов, может быть, и изречь окончательное слово великой, общей гармонии, братского окончательного согласия всех племен по Христову евангельскому закону!»

Достоевский воспользовался поводом и сделал Пушкина олицетворением «русской идеи», миссионерским символом православного народа-богоносца, воплощением особых русских способностей, необходимых для выполнения христианской миссии спасения: «всечеловечности» и «всемирной отзывчивости». Гений Пушкина должен был послужить важным доказательством избранности России для братского спасения других народов.

Своей речью Достоевский хотел положить конец вечному спору между славянофилами и западниками, примирить их, обязав обе стороны выполнять общую русскую миссию по спасению человечества.

Речь вызвала восторг публики, но эйфория длилась недолго. Тургенев, который даже обнял Достоевского со слезами на глазах после выступления, совсем иначе высказался о пушкинской речи, вернувшись в Париж: «Это очень умная, блестящая и хитро-искусная, при всей страстности, речь всецело покоится на фальши, но фальши крайне приятной для русского самолюбия» (из письма М. Стасюлевичу 13 (25) июня 1880).

Пресса атаковала Достоевского слева и справа, и ему пришлось снова защищать свою Idée fixe в «Дневнике писателя».

«Русская идея» в России упала в пустоту. Для революционной интеллигенции это были проповеди ретрограда. Для широкого образованного общества проект братского спасения мира в объятиях православной монархии оставался лишь реакционной утопией, а неграмотный «народ-богоносец» Достоевского не читал и ничего о его «русской идее» так не узнал.

* * *

История звала Россию сделать шаг в бездну. И страна сделала этот шаг.

Идеальный герой Достоевского, которому должно принадлежать будущее России, – молодой Алеша Карамазов, монастырский послушник. Образом «прекрасной России будущего» у Достоевского, видимо, был огромный, бесконечный монастырь. Будущее приближалось, и оно выглядело как огромный, бесконечный ГУЛАГ.

Своими пророческими призывами остановиться перед пропастью Достоевский хотел спасти самых дорогих ему людей, свою семью, жену, детей от грядущей катастрофы. Ему это не удалось.

Вдова Достоевского Анна Григорьевна, посвятившая всю свою жизнь наследию писателя, после Февральской революции 1917 года, спасаясь от беспорядков, поехала из Петрограда на юг, на свою дачу под Адлером на Черном море. Садовник объяснил ей, что все имение теперь принадлежит ему, «пролетарию», и прогнал 70-летнюю Анну Григорьевну. Она поехала в Ялту, где у семьи был дом. Незадолго до ее приезда дом был ограблен, а две проживавшие в нем женщины были зверски убиты топором. На мраморном бюсте писателя в прихожей остались брызги крови. Анна Григорьевна была настолько потрясена этим событием, что вскоре скончалась в больнице.

Сын Достоевского Федор занимался любимым коневодством в Крыму. Дело всей его жизни было разрушено. Ему не удалось покинуть страну с остатками Белой армии, он остался, был арестован чекистами и приговорен к расстрелу. Случайность спасла ему жизнь, но его преследовали болезни и лишения – в 1922 году он умер от голода.

Племянник Достоевского, сын его младшего брата Андрея, был арестован в возрасте 66 лет и отправлен в ГУЛАГ.

Вскоре после захвата власти большевики разработали план монументальной пропаганды. В 1918 году в Москве был открыт памятник Достоевскому. На следующий день на памятнике появилась надпись мелом: «Достоевскому – от благодарных бесов».

* * *

В отрезвляющие годы после революции 1905 года Вячеслав Иванов писал: «Наше освободительное движение, как бы внезапно прервавшееся по завершении одного начального цикла, было настолько преувеличено в нашем первом представлении о его задачах, что казалось концом и разрешением всех прежде столь жгучих противоречий нашей общественной совести; и, когда случился перерыв, мы были изумлены, увидев прежние соотношения не изменившимися и прежних сфинксов на их старых местах, как будто ил наводнения, когда сбыло половодье, едва только покрыл их незыблемые основания» («О русской идее»).

И в сегодняшней России древние сфинксы стоят непоколебимо.

Не русский «народ-богоносец» принес Западу всечеловечность, а русские писатели.

Грандиозные цели, поставленные Достоевским, были грандиозными утопиями. Как и Гоголь, он потерпел неудачу – из-за России и из-за себя самого: он не был «гражданином высокого небесного гражданства». Но даже его поражение стало победой для мировой литературы.

17-летний Федор Достоевский писал брату Михаилу: «Человек есть тайна. Ее надо разгадать, и ежели будешь ее разгадывать всю жизнь, то не говори, что потерял время; я занимаюсь этой тайной, ибо хочу быть человеком».

ТОЛСТОЙ И СМЕРТЬ

Мой Толстой

> *И не верить в бессмертие души, когда чувствуешь в душе такое неизмеримое величие? Взглянул в окно. Черно, разорванно и светло. Хоть умереть. – Боже мой! Боже мой!*
>
> *Что я? и куда? и где я?*
>
> Дневник Льва Толстого,
> 7 июля 1857 года

В школе на переменках я прятался с книгой в раздевалке среди пальто от одного моего мучителя из старшего класса. Он был лопоухий, весь в противных прыщах, и его травили однокашники – ловили по углам и хлопали ладонями по ушам. Он на переменках скрывался от них, находил меня и каждый раз – хлоп мне по ушам.

Помню, что я прочитал, как средневековый шут издевался над своим королем-тираном: задавал каверзные вопросы и оставлял того каждый раз в дураках. Один раз я решил проучить моего врага и приготовил ему очень каверзный вопрос, но не успел даже задать его, как получил по ушам.

Так философы, религиозные мыслители, писатели всю жизнь задают каверзные вопросы смерти, но каждый рано или поздно получает от нее по ушам.

Толстой за несколько недель до смерти записывал в дневнике: «Машины – чтобы сделать что? Телеграфы – чтобы передавать что? Школы, университеты, академии – чтобы обучать чему? Собрания – чтобы обсуждать что? Книги, газеты – чтобы распространять сведения о чем? Железные дороги чтобы ездить кому и куда? Собранные вместе и подчиненные одной власти миллионы людей для того – чтобы делать что?» Все это звучит очень наивно. Но это толстовская наивность с силой землетрясения.

Смерть ударила его по ушам. Но Толстой даже не обратил на это внимания и продолжает спрашивать каждого из нас: «Больницы, врачи, аптеки для того, чтобы продолжать жизнь; а продолжать жизнь зачем?»

* * *

«Вчера вечером я приехал в Люцерн и остановился в лучшей здешней гостинице, Швейцергофе». Так начинает Толстой рассказ «Люцерн».

Случайная встреча с уличным музыкантом на набережной заставляет взяться за перо и записать один из лучших текстов мировой литературы.

Весной 1857 года Толстой едет в Европу путешествовать. Ему 28. Время найти себя.

Изначально Швейцарии в его маршруте не было. Был обязательный для Grand tour русского аристократа Париж. Неожиданно для всех парижских знакомых и самого себя он срывается и бежит на Женевское озеро. В начале его швейцарской поездки была смерть. Вернее, казнь. Все началось с гильотины. Утром 6 апреля 1857 года в толпе он наблюдал, как отрубили голову повару Франсуа Ришё, обвиненному в убийстве.

В этот день Толстой пишет своему другу Василию Боткину: «Я видел много ужасов на войне и на Кавказе, но ежели бы при мне изорвали в куски человека, это не было бы так отвратительно, как эта искусная и элегантная машина, посредством которой в одно мгновение убили сильного, свежего, здорового человека. Там есть не разумная [воля], но человеческое чувство страсти, а здесь до тонкости доведенное спокойствие и удобство в убийстве и ничего величественного. Наглое, дерзкое желание исполнять справедливость, закон Бога. Справедливость, которая решается адвокатами, которые каждый, основываясь на чести, религии и правде, говорят противуположное. С теми же формальностями убили короля, и Шенье, и республиканцев, и аристократов, и (забыл, как его зовут) господина, которого года 2 тому назад признали невинным в убийстве, за которое его убили. А толпа отвратительная, отец, который толкует дочери, каким искусным удобным механизмом это делается, и т. п. Закон человеческой – вздор! Правда, что государство есть заговор не только для эксплуатаций, но главное для развращения граждан».

В дневнике записывает: «Толстая, белая, здоровая шея и грудь. <…> Гильотина долго не давала спать и заставляла оглядываться».

Переживание не отпускало, он рассказывал о казни всем кругом. Иван Аксаков пишет из Парижа отцу: «Кто-то посоветовал ему посмотреть казнь. Я и не с его нервами не решался никогда смотреть казнь, а на него вид, как публично зарезывают человека, произвел такое впечатление, что гильотина снилась ему во сне. Ему казалось, что его самого казнят; проснувшись, он высмотрел какую-то царапину на своей шее, страшно испугался, объяснил себе, что это чорт его оцарапал… и он вдруг исчез, и написал уже с берегов Женевского озера…»

Удар гильотины отрубил его предыдущую жизнь.

Все, чем до этого занимался молодой Толстой в жизни, он бросал. Поехал в Казань учиться в университете – разочаровался и не закончил курс. Пытался провести хозяйственные реформы в имении – не получилось. Перед ним открывалась блестящая военная карьера – он вышел в отставку. Так же будет и потом со всем, за что бы он ни брался. Им овладеет педагогический зуд, но так же быстро пройдет. Толстой с головой окунется в горячку общественной деятельности – станет мировым судьей, но уже скоро бросит и это. Единственное, что он не сможет бросить в жизни – несмотря на все попытки – это слово. Он не сможет перестать быть писателем.

Публикация «Детства» в 24 года определила его судьбу. К молодому автору сразу пришло признание и читателей, и коллег.

Свое призвание он принял и был к нему готов. В швейцарском дневнике 11 июля 1857 года им сделана важная запись: «Надо *быть смелым*, а то ничего не скажешь, кроме грациозного, а мне много *нужно* сказать нового и дельного».

Толстой был готов к литературе, литература не была готова к Толстому. В «Исповеди» он расскажет, как после окончания Крымской войны с «Севастопольскими рассказами» он появился в Петербурге и был принят в круг столичных литераторов. «Взгляд на жизнь этих людей, моих сотоварищей по писанию, состоял в том, что жизнь вообще идёт развиваясь и что в этом развитии главное участие принимаем мы, люди мысли, а из людей мысли главное влияние имеем мы – художники, поэты. Наше призвание – учить людей».

Новообращенный должен был исповедовать искусство как религию прогресса: «Вера эта в значение поэзии и в развитие жизни была вера, и я был одним из жрецов ее».

Последователи этого культа получили шансы не только на славу, гонорары, успех у женщин, но и надежду на бессмертие в беллетристических анналах. То, что было достаточно другим жрецам искусства, оказалось недостаточно Толстому: «Но на второй и в особенности на третий год такой жизни я стал сомневаться в непогрешимости этой веры и стал ее исследовать».

Казнь в Париже нанесла «вере в значение поэзии и в развитие жизни» coup de grâce.

Через 20 лет Толстой напишет в «Исповеди»: «Когда я увидал, как голова отделилась от тела, и то, и другое врозь застучало в ящике, я понял – не умом, а всем существом, – что никакие теории разумности существующего и прогресса не могут оправдать этого поступка и что если бы все люди в мире, по каким бы то ни было теориям, с сотворения мира, находили, что это нужно, – я знаю, что это не нужно, что это дурно и что поэтому судья тому, что хорошо и нужно, не то, что говорят и делают люди, и не прогресс, а я с своим сердцем».

«...Никогда *не буду служить* нигде никакому *правительству*» (из письма его другу Василию Боткину, лето 1857 года). Отныне протест, бунт, отрицание становятся сутью его жизни. Толстой объявляет войну мироустройству.

* * *

Из Женевы он отправляется в путешествие по Швейцарии. Путь по следам Карамзина ведет русских туристов в Альпы. 1 июня молодой путешественник ночует в Гриндельвальде. В дневнике, не предназначенном для чтения, читаем через полтора столетия: «Сладострастие мучит ужасно меня. – Не засыпал до 12 и ходил по комнате и коридору. Ходил гулять по галерее. – При луне ледники и черные горы. Нижнюю служанку пощупал, верхнюю тоже. Она несколько раз пробегала, я думал, она ждет; все легли, пробежала еще и сердито оглянулась на меня. Внизу слышу, я поднял весь дом, меня принимают за malfaiteur. Schuft. Steht immer. Donnerwetter». Последние три коротких фразы – по-немецки. У русских писателей всегда были проблемы с терминами, связанными с половыми вопросами. Что-то вроде: «Злодей. Все время стоит. Черт бы его побрал».

Помимо дневника он еще использует записную книжку. За тот же день находим в ней короткую запись: «Красота Grindelwald и женщины, как русские бабы».

Эти записи были напечатаны только после его смерти. То, чего хотел Толстой в своем дневнике, – это радикально честный разговор с самим собой, непрерывный безжалостный самоанализ. То, что волновало и мучило здорового молодого мужчину, чего он боялся и чего стыдился, – прорывается к нам сквозь бумагу и сквозь без малого два столетия на каждой странице. Его мучила дихотомия человеческого существа, неразрывная принадлежность и Богу, и зверю.

В «Войне и мире» он опишет, как князь Андрей будет слушать пение Наташи и думать об этом противостоянии: «…вдруг живо сознанная им страшная противоположность между чем-то бесконечно великим и неопределимым, бывшим в нем, и чем-то узким и телесным, чем был он сам и даже была она».

Разрыв между «человеческим» и «животным», с которым уже столько поколений уживается человечество, не давал ему жить. Как и все ежедневное, обычное, мирское не имело для него никакой ценности из-за отсутствия в «низменном» «божественного». «Избави Бог жить только для этого мира, – напишет он в октябре 1901 года, уже подводя жизненные итоги. – Чтобы жизнь имела смысл, надо, чтобы цель ее выходила за пределы этого мира, за пределы постижимого умом человеческим».

Иван Бунин в «Освобождении Толстого» выразил это так: «Скотскую человеческую плоть, рая уже лишенную, это "мясо", уготованное грязной смерти, он всегда ненавидел».

Секретарь Толстого, Валентин Булгаков, вспоминал толстовское письмо: «Вы говорите, что существо человеческое слагается из духовного и телесного начала. И это совершенно справедливо; но несправедливо то ваше предположение, что благо предназначено и духовному и телесному началу… Благо свойственно только духовному началу и состоит не в чем ином, как все в большем и большем освобождении от тела, обреченного на зло, единственно препятствующего достижению блага духовного начала…»

Это пишет человек, который произвел на свет тринадцать детей.

Постоянный разрыв между сентенциями моралиста и рукой художника, между его человеческой природой и попытками найти спасение от нее, – вот что делает Толстого Толстым, который вызывал и продолжает вызывать у поколений читателей восторг и отвращение, непонимание и любовь.

* * *

Чтобы жить, нужно быть невосприимчивым ко многим вещам. У Толстого не было никакого иммунитета к жизни, он был ею болен и не знал от нее лекарства.

Без минимального прожиточного уровня подлости существование в этом мире невозможно. Нужно признать, что зло существует, что миллионы людей живут в нищете, воюют и убивают друг друга. Смириться и принять за норму, что люди страдают и умирают, а мы продолжаем завтракать, смеяться, зарабатывать деньги, рожать детей и рассказывать анекдоты. Мы способны на это, просто стараемся по возможности, не опускаться ниже определенного минимума подлости.

У Толстого не было этой способности. Ему было сложно влезть в наш мир, устроиться в нем. Бунин объяснял это так: «Совесть у него была "ненормальная", гипертрофированная. Вот он видит в зимний морозный день нищую деревенскую бабу: боже, какой приступ сердечной боли, стыда, омерзения к себе! Баба холодная, голодная, "а я в теплом полушубке, я сейчас приду домой и буду жрать яйца!"»

* * *

Всемирный потоп смел с лица земли только поверхность, от каждой твари осталось по паре, а с ними и вера в ненужность познания смысла творения, можно и без этого прожить: ешь, пей, веселись, на хорошенькой женись! Жизнь пошла своим чередом дальше, по допотопным заветам: плодись и размножайся, не почитай ни отца, ни матери, твори себе кумиров, желай дома ближнего, жены его, осла и вола, убивай, кради, прелюбодействуй.

У Толстого гигантские стихийные силы рвут самые основы миропорядка: «Без знания того, что *я* такое и зачем *я* здесь, *нельзя жить*. А *знать я этого не могу, следовательно нельзя жить*», – говорит себе Левин.

Писатель связал свое имя и фамилию любимого героя генетивной пуповиной. Это сам Толстой не мог жить, потому что не знал ответов на главные вопросы бытия.

Человек с таким адом в душе женился на 18-летней Софье Берс.

Катастрофа была предсказуема.

Виктор Шкловский в своей книге о Толстом внятно сформулировал их семейную проблему: «Она была в этом доме послом от действительности, напоминала о том, что дети должны жить, "как все", нужно иметь деньги, надо выдавать дочерей замуж, надо, чтобы сыновья кончили гимназии и университет. Нельзя ссориться с правительством, иначе могут сослать. Надо быть знаменитым писателем, надо написать еще книгу, как "Анна Каренина", самой издавать книги, как издает их жена Достоевского, и, кроме того, быть в "свете", а не среди "темных", странных людей. Она была представительницей тогдашнего здравого смысла, средоточием предрассудков времени…»

Мироустройство было его врагом. Мироустройство приняло форму самого близкого человека, которого он любил и который любил его больше всего на свете.

Он видел спасение своей души в том, чтобы отказаться от Ясной Поляны и графской жизни, от авторских прав на произведения, отдать землю крестьянам и уйти жить чистой жизнью в бедности и достоинстве. Она сопротивлялась своим единственным оружием: постоянными угрозами покончить с собой.

В 1894 году он написал в дневнике: «Все романы заканчиваются свадьбой, а зря: это всё равно что заканчивать произведение на эпизоде, в котором на человека в тёмном лесу нападают разбойники».

* * *

Человек, его Я – это осознающая себя смерть.

«Анна Каренина» – не о семейной драме или о женской страсти, как полагают сценаристы, регулярно подвергающие роман вивисекции: существует уже более 30 экранизаций.

«Мне отмщение, и аз воздам» – призыв к отказу от самосуда, от забрасывания камнями. Толстовский роман – верблюд, эпиграф – игольное ушко.

Внятным эпиграфом к роману могли бы стать слова любимого Толстым Блеза Паскаля, которого он без конца перечитывал и цитировал в своем «Круге чтения»: «Только Бог может заполнить вакуум в сердце каждого человека. Ничто из сотворенного человеком этот вакуум заполнить не может. Только Бог, Которого мы познаём через Иисуса Христа, заполняет эту пустоту».

Это роман о пустоте, которая поглощает каждого из нас. Каждый рождается со стандартным набором внутренностей, из которых самой важной, но недоступной анатомам, является черная дыра, которая всю жизнь засасывает душу, а в конце и тело.

Эту пустоту каждый пытается забросать, чем может: карьерой, семьей, детьми, деньгами, славой, хобби, футболом, политикой, сексом, видеоиграми, shorts на Youtube. Все зависит от размера дыры.

В «Исповеди» Толстой спрашивает: «Ну хорошо, у тебя будет 6000 десятин в Самарской губернии, 300 голов лошадей, а потом?.. <…> Ну хорошо, ты будешь славнее Гоголя, Пушкина, Шекспира, Мольера, всех писателей в мире, – ну и что ж?..»

Почему Анна покончила с собой? Что привело к смерти мать двоих маленьких детей? Охлаждение любовника? Жестокосердие мужа, который не соглашался на развод? Общество, которое отвернулось от ее? Чувство вины из-за того, что она нарушила христианскую заповедь и вошла во грех? Утрата позитивной самооценки? С точки зрения здравого смысла и сегодняшнего дня, нет никаких причин делать двоих детей сиротами. Значит ли это, что Анна осталась бы жить при современных неизмеримо более мягких социальных условиях? Тогда почему статистика утверждает, что в толерантной и благополучной Швейцарии каждый день одна женщина кончает жизнь самоубийством?

Толстой заражает Анну своей болезнью – отсутствием иммунитета к жизни. То, что для других закончилось бы безболезненно, для нее невозможно. Тайная интрижка вполне может быть лицемерно терпима окружающими. Но ложь была бы недостойна ее и потому невозможна. У каждого человека есть свой минимальный прожиточный уровень не только подлости, но и достоинства. Анна скорее умрет, чем превратит свою жизнь в недостойный фарс, как Облонские. Поэтому она – героиня романа о восстании.

Страсть Анны – не в удовлетворении желания, а в поиске спасения. Обычно женщина заполняет свою космическую пустоту детьми, мужем, домом и повседневными заботами, реже карьерой, творчеством. Но этого слишком мало для толстовской души, которой автор делится со своей героиней.

Анна ждет великой любви как ответа на главный вопрос бытия. Ей кажется, что огромная пустота может быть заполнена только огромной страстью. Для этого цунами любви объект не играет существенной роли и может появиться и в виде тщеславного аристократического красавца с усиками, подстриженными по последней моде. На месте Вронского мог быть кто-то другой. Главное, что ни один человек в мире не выдержит конкуренции со своей ролью, если она предназначена ему великой любовью.

Большинство перебивается без великой любви, довольствуясь меньшими в ожидании той единственной большой и настоящей. Толстой наделяет свою Анну смертельным талантом неспособности принять малое в ожидании великого. В борьбе за настоящую любовь Анна жертвует всем: своим социальным статусом, религией, семьей, детьми. Однако для автора романа это путь в никуда, поскольку ведет к уничтожению ближних и самой себя. Космическую пустоту невозможно насытить даже величайшими жертвами. Самоубийство Анны – не победа любви. Сокрушительное поражение.

Для зрителей бесконечных экранизаций «Анна Каренина» заканчивается на вокзале в паровозном дыму.

После показательной казни Анны роман продолжается еще пару десятков глав.

Толстой говорит, что величие Паскаля в том, что тот «неотразимо доказал в своей удивительной книге… необходимость веры, невозможность человеческой жизни без веры. Паскаль показывает людям, что люди без религии – или животные, или сумасшедшие, тыкает их носом в их безобразие и безумие…»

Вряд ли глагол «тыкать» корректен в отношении французского философа, но передает суть самого толстовского подхода: Толстой «тыкает» читателей носом в открывшуюся ему истину. Веру нужно искать и только так ее можно обрести.

С помощью Левина Толстой хочет показать способ борьбы с vacuum horrendum. Анна не ищет, она уверена, что уже знает ответ. И этот ответ – великая страсть как спасение – толкает ее в пропасть. Напротив, путь Левина – это неутомимый поиск, хотя и он тоже знает притяжение бездны. «Как счастливый глава семьи, как здоровый человек, Левин несколько раз был настолько близок к самоубийству, что прятал веревку, чтобы не повеситься, и боялся вынуть ружье, чтобы не застрелиться. Но Левин не застрелился и не повесился, а продолжал жить».

Герой Толстого находит ответ тоже в любви, но совсем в другой. На последней странице после грозы ему открывается истина: «Но жизнь моя теперь, вся моя жизнь, независимо от всего, что может случиться со мной, каждая минута ее – не только не бессмысленна, какою была прежде, но имеет несомненный смысл добра, который я властен вложить в нее!»

Роман начинается с описания несчастливой семьи и кончается счастливым началом новой осмысленной жизни.

Вот ответ Толстого Анне: «Любовь долготерпит, милосердствует, любовь не завидует, любовь не превозносится, не гордится, не бесчинствует, не ищет своего, не раздражается, не мыслит зла, не радуется неправде, а сорадуется истине; все покрывает, всему верит, всего надеется, все переносит. Любовь никогда не перестает, хотя и пророчества прекратятся, и языки умолкнут, и знание упразднится».

* * *

Заключительные слова Левина в романе звучат как самозаклинание его автора.

Толстой хотел бы прожить свою жизнь именно так. Не получилось. Перо до краев наполнило душу персонажа, но не автора. Толстой хотел идти путем Левина, но на самом деле он шел по пути разрушения, как и его героиня.

Он восстал против религии. Он восстал против устоев общества и государственности, против законов и против права частной собственности. Он восстал против своих книг. Против искусства. Его дом стал местом бесконечных конфликтов, превращающих семейную жизнь в фарс, еще более недостойный тем, что это Толстые, а не Облонские.

Если бы Левин прожил дольше конца романа, он, несомненно, пошел бы путем своего создателя, путем разочарования. Толстой сам так и не нашел ответа на вопрос всех вопросов. Знаменитые строки, с которых я начал, были написаны не молодым человеком, а стариком за несколько месяцев до его смерти: «Больницы, врачи, аптеки для того, чтобы продолжать жизнь; а продолжать жизнь зачем?» Жизнь уже подходила к концу, но он все еще так и не нашел ответа. Оставалась только пустота, которая раздирала его Анну, и теперь разрывала его.

* * *

Знаменитые слова идеолога-анархиста Бакунина «*Страсть к разрушению есть* вместе с тем и *творческая страсть!*» позволяют лучше понять психологическую структуру не только террориста, но и художника. В основе каждого великого творческого человека лежит отрицание этого мира. Чем больше творческая сила, тем яростнее отрицается существующий порядок вещей. Вся жизнь Толстого – это бунт против унизительной банальности повседневности, против всего, что отвлекает от важного, от поиска ответа.

Первый мятеж Толстого, направленный против лицемерной цивилизации, против лживости общества рождался еще в уютных рамках традиции Руссо. Но его собственный настоящий выстраданный бунт, был направлен против природы самой по себе. Раз поток жизни течет неправильно, то он, Лев Толстой, сам должен был бросить ему вызов, остановить, встать поперек.

Его призывы стать вегетарианцем, не ходить на охоту, отказаться подчиняться закону, отказаться от частной собственности и т. д. и т. п. быстро снискали ему репутацию и славу «праведника», великого кающегося грешника, живого святого. Его невероятная харизма привела к нему тысячи восторженных последователей.

В своем отрицании неправедного мироздания Толстой пошел дальше и восстал против двух самых важных источников жизни: против инстинкта воспроизведения человеческого потомства и против творческого инстинкта. И то и другое – стремление создавать, точки пересечения человека с его Создателем. Толстой считал необходимым отбросить все земное, освободиться от кожи и плоти, чтобы стать обнаженной душой, чистым духом. Вырвать себя из тисков тварного и освободиться от гордыни творца.

«Крейцерова соната» – это перчатка, брошенная небу, объявление войны самой жизни.

Со всей толстовской мощью обрушивается он на животное в человеке, на его тело, последовательно идет до конца во всем, даже в отрицании жизни. Его неприятие плотского ведет к отвращению, к страху перед животностью и в конечном итоге к идее вымирания всего человечества: «"Но как же род человеческий?" Не знаю. Знаю только, что закон совокупления не обязателен человеку» (Дневник, 1910 г.)

* * *

Показав, как нужно писать величайшие романы человечества, он отказался от них и объявил писательство ерундой. Толстой заговорил об искусстве как о чем-то никчемном и аморальном. Когда друзья и родственники сетовали на то, что он больше не пишет, отшучивался. Забытый знаменитый Боборыкин вспоминал: «Когда я выразил сожаление насчет строгого запрета, наложенного им на себя, он выразился приблизительно так:

– Знаете, это мне напоминает вот что: какой-нибудь состарившейся француженке ее бывшие обожатели повторяют: "Как вы восхитительно пели шансонетки и придерживали юбочки!"

При этом он перед словом "француженка" употребил крепкое русское словцо».

Понятно, что отказ Толстого от писательства был неосознанно вызван тем удивительным чувством переполненности и одновременной пустоты, которое охватывает писателя после завершения большого многолетнего труда. Ему нужно было перевести дух. Легкие Толстого нуждались в большом количестве воздуха. Дыхания простого смертного достаточно, чтобы задуть свечу. Дыханием Толстого можно согреть все человечество.

Как только к писателю приходил следующий текст, как он снова все бросал ради письменного стола. После его «отказа от искусства» к нему пришли «Смерть Ивана Ильича», «Крейцерова соната», «Хаджи-Мурат» – повести, без которых невозможно представить себе мировую литературу.

* * *

Смерть – трудолюбивая муза.

Страх смерти сопровождает каждого на протяжении всей жизни – у творцов приступы страха исчезнуть выливаются в приступы творческой энергии. Поздний рассказ Толстого «Записки сумасшедшего» повествует об ужасе, который охватывает человека перед смертью. Он долго работал над ним, возвращаясь к нему снова и снова на протяжении многих лет, но текст так и остался незаконченным. Чтобы изобразить ужас, Толстой прибегает к чисто графическим средствам: «Я пробовал думать о том, что занимало меня: о покупке, об жене – ничего не только веселого не было, но все это стало ничто. Все заслонял ужас за свою погибающую жизнь. Надо заснуть. Я лег было. Но только что улегся, вдруг вскочил от ужаса. И тоска, и тоска, такая же духовная тоска, какая бывает перед рвотой, только духовная. Жутко, страшно, кажется, что смерти страшно, а вспомнишь, подумаешь о жизни, то умирающей жизни страшно. Как-то жизнь и смерть сливались в одно. Что-то раздирало мою душу на части и не могло разодрать. Еще раз прошел посмотрел на спящих, еще раз попытался заснуть, все тот же ужас красный, белый, квадратный».

«Записки сумасшедшего» были опубликованы посмертно в 1912 году, через год Малевич начал писать свои знаменитые квадраты.

В записях Толстого можно встретить бесчисленные размышления о неизбежности и желательности смерти.

Мысли об уходе, размышления о смертности человека – нити, из которых соткана вся ткань его жизни. Только осознав, насколько его жизнь была сознательной и отчаянной подготовкой к единственному, последнему моменту, становится понятным все его «странности», «отказы», «бунты». В сущности, бунт Толстого против природы, против самой жизни был не чем иным, как бунтом против смерти, против неизбежного конца.

6 октября 1863 года он записал в дневнике: «Я собой недоволен страшно. Я качусь, качусь под гору смерти и едва чувствую в себе силы остановиться. А я не хочу смерти, а хочу и люблю бессмертие».

Вся его жизнь – это проигранная битва. Вся его жизнь – это постепенное осознание своего поражения и понимание того, что поражение нужно принять. Единственный способ победить смерть – принять ее. Сила Толстого – в этом осознании и принятии. В этом корни его отказа от ценностей жизни, искусства, всего, что кажется нам важным. Принятие смерти делает жизнь и все, что в ней есть, неважным.

Мы привыкли воспринимать смерть как зло. Нужно быть таким человеком, как Толстой, чтобы утверждать, что смерть – это добро, и поэтому нам не нужно ее бояться.

«Ехал через лес Тургенева, вечерней зарей: свежая зелень в лесу под ногами, звезды в небе, запахи цветущей ракиты, вянущего березового листа, звуки соловьев, шум жуков, кукушка, – кукушка и уединение, и приятное под тобой, бодрое движение лошади, и физическое и душевное здоровье. И я думал, как думаю беспрестанно, о смерти. И так мне ясно стало, что так же хорошо, хотя по-другому, будет на той стороне смерти… Мне ясно было, что там будет так же хорошо, нет, лучше» (Иван Бунин «Освобождение Толстого»).

26 ноября 1906 года, в день смерти любимой дочери, Толстой записывает: «Сейчас, час ночи, скончалась Маша. Странное дело. Я не испытывал ни ужаса, ни страха, ни сознания совершающегося чего-то исключительного, ни даже жалости, горя. Да, это событие в области телесной и потому безразличное. Смотрел я все время на нее, как она умирала: удивительно спокойно. Для меня – она была раскрывающимся перед моим раскрыванием существо. Я следил за его раскрыванием, и оно радостно было мне. Но вот раскрывание это в доступной мне области (жизни) прекратилось, то есть мне перестало быть видно это раскрывание; но то, что раскрывалось, то есть. "Где? Когда?" – это вопросы, относящиеся к процессу раскрывания здесь и не могущие быть отнесены к истинной, внепространственной и вневременной жизни».

Для Толстого смерть – это не разложение тканей, не гниение любимых людей, а спасение, настоящее «раскрывание» человеческого существа, необходимый ответ на важнейший вопрос жизни.

Вот еще запись в дневнике в последний год жизни: «Лежал, засыпая; вдруг точно что-то оборвалось в сердце. Подумал: так приходит смерть от разрыва сердца, и остался спокоен, – ни огорченья, ни радости, но блаженно спокоен; здесь ли, там ли, – я знаю, что мне хорошо, – то, что должно, – как ребенок на руках матери, подкинувшей его, не перестает радостно улыбаться, зная, что он в ее любящих руках».

Жизнь как момент волнения и ужаса ребенка, подброшенного в воздух. Мгновение проходит, и мы возвращаемся в любящие руки.

* * *

От Толстого-писателя ждали непогрешимости пророка, от Толстого-учителя – бескомпромиссности моралиста, от Толстого-проповедника – чтобы он подал пример праведной жизни. А он сам сомневался во всем мире, в себе и в Боге. Его секретарь Булгаков вспоминал: «Как раньше я любил Евангелие, так теперь я его разлюбил, – сказал мне Лев Николаевич за четыре месяца до смерти».

Он был плохим «толстовцем».

Невыносимая ситуация последних лет его жизни: жена и старшие сыновья терзают его слухами (оправданными), что он составил завещание, в котором отказался от авторских прав на все свои произведения. Будни проходят в бесконечных скандалах, Толстой и Софья Андреевна, находясь в одном доме пишут друг другу письма, потому что ненависть и любовь захлестывают и не дают говорить. Софья Андреевна узнает, что муж вел за ее спиной разговоры с Владимиром Чертковым, главным последователем Толстого, и что он с дочерями скрыли от нее составленное тайком завещание. Когда она, наконец, находит завещание, спрятанное в сапоге, пишет мужу письмо: «Ты каждый день меня как будто участливо спрашиваешь о здоровье, о том, как я спала, а с каждым днём новые удары, которыми сжигается моё сердце, которые сокращают мою жизнь и невыносимо мучают меня, и не могут прекратить моих страданий.

Этот новый удар, злой поступок относительно лишения авторских прав твоего многочисленного потомства, судьбе угодно было мне открыть, хотя сообщник в этом деле и не велел тебе его сообщать мне и семье.

Он грозил мне НАПАКОСТИТЬ, мне и семье, и блестяще это исполнил, выманив бумагу от тебя с отказом. Правительство, которое во всех брошюрах вы с ним всячески бранили и отрицали, – будет по ЗАКОНУ отнимать у наследников последний кусок хлеба и передавать его Сытиным и разным богатым типографиям и аферистам, в то время как внуки Толстого по его злой и тщеславной воле будут умирать с голода».

Ранним утром 28 октября 1910 года Толстой тайком ушел из Ясной Поляны.

Его уход не был последним бунтом. Бунтарь знает, ради чего восстает. Это был побег от всего, от бунта тоже. «От всего» есть только одно средство.

Когда Софья Андреевна узнала, что Толстой покинул ее, она попыталась покончить с собой, но ее вовремя вытащили из пруда. Она с четырьмя детьми поехала в Астапово, где в чужом доме на чужой кровати умирал Толстой. Он не хотел, чтобы жена была рядом с ним, ее к нему не пустили, она часами бродила по улице под окнами.

В лихорадке Толстому показалось, что он видит перед собой мертвую дочь, протянул к ней руку и крикнул: «Маша! Маша!» «Раскрывшаяся» Маша пришла к отцу помочь в его «раскрывании» для новой жизни.

В «Круге чтения» на день своей будущей смерти, 7 ноября, Толстой выбрал слова Монтеня: «Жизнь есть сон, смерть — пробуждение. Смерть есть начало другой жизни».

* * *

«Хаджи-Мурат» – одно из последних его произведений, опубликованное посмертно. Этот текст о чеченской войне, которая идет уже не одно столетие, о свободолюбивом горце Хаджи-Мурате, который борется за независимость своей родины.

Сам Толстой был на этой войне, воевал против чеченцев, отказавшихся принять российское владычество. В 1852 году был опубликован рассказ «Набег», хотя тогда при печати по цензурным соображениям была пропущена часть, в которой описывается, как русские солдаты грабят кавказскую деревню и убивают женщину.

Чеченские впечатления сопровождали его всю жизнь. Спустя полвека после своей военной службы на Кавказе он вернулся к этой теме незадолго до смерти. Вот его описание нападения русских солдат на чеченское село: «Вернувшись в свой аул, Садо нашел свою саклю разрушенной: крыша была провалена, и дверь и столбы галерейки сожжены, и внутренность огажена. Сын же его, тот красивый, с блестящими глазами мальчик, который восторженно смотрел на Хаджи-Мурата, был привезен мертвым к мечети на покрытой буркой лошади. Он был проткнут штыком в спину. Благообразная женщина, служившая, во время его посещения, Хаджи-Мурату, теперь, в разорванной на груди рубахе, открывавшей ее старые, обвисшие груди, с распущенными волосами, стояла над сыном и царапала себе в кровь лицо и не переставая выла».

Над «Хаджи-Муратом» Толстой работал долго. Первый черновик был закончен в августе 1896 года, но он продолжал писать его еще восемь лет – столько времени Толстой не работал ни над «Анной Карениной», ни над «Войной и миром». В конце концов он оставил текст, посчитав повесть неудачной.

«Хаджи-Мурат» совершенно не соответствует мировоззрению Толстого, даже противоречит ему. Жизненная сила героя разрушает все, что писал и проповедовал автор: непротивление злу, заповедь о любви к ближнему. История, в которой все пропитано смертью, – настоящий гимн жизни. Этот текст – восстание слов, текст-бунт против своего создателя. С точки зрения проповедника и моралиста Толстого, это поражение.

Перо Толстого пошло своим путем, объявило о своей независимости и не подчинилось его идеям. Это случалось и раньше. Он пытался приручать тексты эпилогами, но они проявляли строптивость. Он хотел изложить свои толстовские догмы, но его перо создавало образы настолько яркие и мощные, что все его догмы и проповеди рассыпались, лопнув по швам, как тесная рубашка.

Лейтмотив «Хаджи-Мурата» – чертополох, символ жизни, ее жестокого закона: либо ты, либо я. Закон борьбы за выживание гласит, что ты должен держаться за эту жизнь любой ценой, бороться за нее до последнего вздоха, как Хаджи-Мурат борется за свою жизнь до самого конца, не желая докопаться до ее философской сути, не ища скрытых смыслов и не изнуряя себя вопросами «почему» и «зачем». Его нельзя сломить, можно только убить – он борется за жизнь до последнего вздоха. Хаджи-Мурат олицетворяет жизненную силу, жизнь в ее первозданном виде. Чертополох – это та жизненная энергия, которую ничто не сможет остановить.

В мире Хаджи-Мурата не существует непротивления злу, потому что здесь люди противостоят и добру, и злу, не делая различий между ними, и не знают других форм сопротивления, кроме физического насилия. Здесь царит лишь неуемная жажда жить.

Вся философия этого кровавого торжества жизни выражена в песне брата Хаджи-Мурата: «Высохнет земля на могиле моей – и забудешь ты меня, моя родная мать! Порастет кладбище могильной травой – заглушит трава твое горе, мой старый отец. Слезы высохнут на глазах сестры моей, улетит и горе из сердца ее. Но не забудешь меня ты, мой старший брат, пока не отомстишь моей смерти. Не забудешь ты меня, и второй мой брат, пока не ляжешь рядом со мной. Горяча ты, пуля, и несешь ты смерть, но не ты ли была моей верной рабой? Земля черная, ты покроешь меня, но не я ли тебя конем топтал? Холодна ты, смерть, но я был твоим господином. Мое тело возьмет земля, мою душу примет небо».

В этой песне простого горца поется о всесокрушающем потоке жизни, которому Толстой пытался противостоять и который снес его вместе со всем толстовским мировоззрением, как сухую ветку.

Может быть, именно поэтому он так долго, почти десять лет, писал этот короткий, но, возможно, самый важный для него текст. Это был его последний бой с самим собой. Перо победило, и он вынужден был признать поражение. Толстой отбросил предисловия и эпилоги и признал свое бессилие перед жизнью.

* * *

Всю жизнь Толстой страдал своей будущей смертью, боялся ее, мучился страхом неизбежности, а Хаджи-Мурат, который никогда не беспокоился о таких вещах, умер легко и красиво. Это то, что искал Толстой и не нашел.

«– Вот она, – сказал Каменев, доставая человеческую голову и выставляя ее на свет месяца. – Узнаете?

Это была голова, бритая, с большими выступами черепа над глазами и черной стриженой бородкой и подстриженными усами, с одним открытым, другим полузакрытым глазом, с разрубленным и недорубленным бритым черепом, с окровавленным запекшейся черной кровью носом. Шея была замотана окровавленным полотенцем».

Все началось отрубленной головой в Париже и закончилось отрубленной головой Хаджи Мурата.

* * *

Толстой, «Люцерн»: «Бесконечна благость и премудрость того, кто позволил и велел существовать всем этим противоречиям».

ЧАЙКА
В ОВРАГЕ

Мой Чехов

Документальные кадры 1936 года: во МХАТе идет торжественное заседание, посвященное принятию новой конституции. Звучат здравицы: «Да здравствует великий Сталин!» В президиуме Станиславский, Чехов, Ольга Книппер-Чехова. Станиславскому 72 года, Чехову 76, его жене 68. Чехов поднимается на трибуну, обращается к гигантскому портрету на сцене: «Дорогой Иосиф Виссарионович!»

Обрыв пленки.

Страшно.

В Баденвайлере, где умер Чехов, не дожидаясь революции и остальных русских событий XX века, стоит памятник писателю. Может, нужно поставить рядом памятник его своевременной смерти?

* * *

В жизни он был против революций, но при этом совершил две: в русской прозе и на сцене.

После говорливого Достоевского и Толстого, который никак не мог упихнуть себя и в самые длинные предложения, Чехов объявил короткий рассказ субъектом словесного права. В тексте необходимо оставлять только самое важное, все лишнее отсекать – огородник, он знал, что для хорошего урожая нужно обрывать пустоцветы.

Недосказанность оставляет место для сотрудничества. Чехов создает своего читателя доверием. Лучше не договорить, чем все растолковывать. Из пассивного потребителя Чехов творит себе соавтора, без которого «чудо прозы» станет невозможным. Перед смертью последний свой текст Томас Манн посвятил Чехову. Автор монументальных фолиантов сокрушался, что так поздно открыл для себя его мастерство умолчания: «Он доверяет читателю, пусть тот сам восполнит отсутствующие в рассказе скрытые, "субъективные", то есть касающиеся авторского отношения к описываемому, элементы, сам догадается о том, какую моральную позицию занимает автор».

Автор – не судья героям, а свидетель, приговор выносит читающий. Пресловутое чеховское ружье, появившись в начале рассказа или пьесы, конечно, выстрелит, но на курок должен нажать читатель-зритель.

Чехов раскрыл заговор слов – они препятствуют пониманию. Любящие молчат, чтобы словами не поранить чувство. Описывая любовь, нельзя пользоваться словом «любовь». Затертые до дыр слова распугивают чувства. К передаче подлинных чувств необходимо пробиваться «неправильными» словами. Эти азы писательского мастерства принес в литературу Чехов.

О Чехове говорили, что его тексты лишены глубочайшего содержания, которое есть у Толстого, Достоевского. Зинаида Гиппиус о творчестве писателя: «Быт без бытия», мол, Чехов о земном, но не о бытийном.

Чеховские персонажи барахтаются в быту, но мучаются бытием. По замечательной формулировке Набокова, «все чеховские рассказы – это непрерывное спотыкание, но спотыкается в них человек, заглядевшийся на звезды».

Весь Чехов – о бытии, единственная форма существования которого – быт. Кровохарканье избавляет от иллюзии собственного бессмертия. За письменным столом с ним всегда была его смерть от чахотки. Все творчество Чехова о жизни в предощущении ухода. И поэтому, когда его персонажи говорят о ерунде – это внесловесные разговоры о самом важном, о человеческом предназначении, о выбранной судьбе, о потребности прожить оставшиеся годы с достоинством.

Со своим новым пониманием прозы Чехов пришел в другое искусство, работающее со словом, – театр.

Шекспир, полистав «Чайку» или «Три сестры», заявил бы, что автор ничего не понимает в драматургии. Эта нетеатральность «драматурга-неумехи» бросалась в глаза многим.

Набоков (из лекции о Чехове): «И еще я думаю, он был недостаточно знаком с искусством драматургии, не проштудировал должного количества пьес, был недостаточно взыскателен к себе в отношении некоторых технических приемов этого жанра».

Бунин (из письма Алданову): «Пьесы его мне всегда были почти ненавистны. Ах, Толстой, Толстой! В феврале 1897 г. он был в Птб.

и сказал Суворину (дневник Суворина): "Чайка" Чехова вздор, ничего не стоящий… "Чайка" очень плоха… Лучшее в ней – монолог писателя, это автобиографические черты, но в драме они ни к селу, ни к городу».

Станиславский (из воспоминаний «А.П. Чехов в Художественном театре»): «К стыду своему, я не понимал пьесы».

Критики Чехова-драматурга превозносили дар писателя и при этом считали, что пьесы – это его короткие рассказы, неумело размазанные по сцене. Резонный вопрос: что было бы, если бы Набоков написал только голливудский сценарий для «Лолиты», но мир не знал бы самого романа? Мир остался бы без набоковского шедевра. Так были не написаны ни «Чайка», ни «Вишневый сад».

Конечно, Чехов мог бы написать пьесу «как полагается», но просто не видел в этом смысла: пятясь назад, художник перестает быть художником. А он был уже впереди, театр и зрители должны были догонять его. Чехову повезло: Московский художественный театр перенес его творческое know how из прозы на сцену, открыв дорогу искусству XX века.

В искусстве драматургии диалоги – способ продвижения сюжета, передачи информации, тело действия. Чеховские диалоги ни о чем, разговоры глухих – подземный ход в театр абсурда. Три сестры хотят в Москву, но никуда не едут, потому что ждут Годо. Открытие Чехова массовая культура будет пережевывать и через сто лет, называя это «тарантиновскими диалогами».

В прозе Чехова все важное выдавлено из слов, происходит между строк – в переводе на язык театра все важное оказалось выдавлено за сцену, вернее, в зрительный зал. На сцене – быт. В зрительном зале – бытие.

Кого удивляет, что в XXI веке по количеству театральных постановок в мире Чехов занимает второе место после Шекспира?

* * *

Звание русского писателя давалось общественностью за написание романа и за служение народу. От него ждали исполнения этих обязательств.

Маститые писатели настойчиво советовали юному таланту бросить «коротышки» и сесть за настоящую большую прозу. Чехову 27, он начинает роман и мучится над ним несколько лет. Признать поражение он долго не решается. В октябре 1888 он пишет мэтру Григоровичу: «Ведь если роман выйдет плох, то мое дело навсегда проиграно». Наконец, он принимает поражение как победу. Когда Чехов бросает саму идею романа, он становится самим собой. Планета читает рассказы Чехова и ничего не знает о романах Григоровича.

Неслужение народу Чехову не могли простить. Не только враги, но и друзья упрекали его в том, что он никуда не «зовет», не «ведет». Отсутствие «идейности» было серьезным обвинением для русской интеллигенции. В марте 1890 года газета «Русская мысль» называет Чехова «жрецом беспринципного писания». Его это больно задело.

Чехов пишет издателю «Русской мысли»: «Обвинение Ваше – клевета. Что после Вашего обвинения между нами невозможны не только деловые отношения, но даже обыкновенное шапочное знакомство, это само собой понятно». Чехова задело непонимание. Непонимание «передовой общественностью» того, что и зачем он пишет.

Он жил в обществе, в котором было стыдно жить хорошо, в накаленной атмосфере нравственного подвижничества. Нужны страдания, испытания. Нужно служение. Общество предъявило Чехову обвинение, и ему пришлось отвечать на понятном «прогрессивной интеллигенции» языке. Ему 30 лет. Он едет на край света к отверженным. Почему Сахалин? Это дно русской жизни. «Сахалин – это место невыносимых страданий, на какие только может быть способен человек».

«Прославленные шестидесятые годы не сделали ничего для больных и заключенных, нарушив таким образом главную заповедь христианской цивилизации». «Виноваты не смотрители, а все мы, но нам до этого дела нет, это неинтересно». Эта поездка – заявление, сделанное, как подобало русскому писателю: искусство отступает перед чувством вины перед народом, перед всеми страждущими и обездоленными. Грех «сытой и чистой» жизни надо искупить. Карьеры преуспевающего столичного литератора нужно было стыдиться.

Он не узнает о России ничего нового, и увиденное почти не оставит следов в прозе и пьесах. Главное последствие для его творчества –

откроется кровохарканье. Поездка за 11 тысяч верст без железной дороги к погибающим и погибшим – послушание. «Сахалин» – книга не для чтения. И вообще не книга писателя – это исполнение данного обета. Ответ общественному обвинению. Охранная грамота. Оправдательный приговор самому себе.

Что думали, вспоминая описания «ужасов» царской каторги в «Сахалине» те, кто попал в ГУЛАГ через поколение? Что сказал бы Чехову «доходяга» Мандельштам перед смертью на пересылке?

* * *

Быт, не дающий прорасти бытию – Россия.

Очевидно, что свои мысли Чехов выразил устами доктора Астрова: «Вообще жизнь люблю, но нашу жизнь, уездную… обывательскую, терпеть не могу и презираю ее всеми силами своей души».

За надежду в русской литературе обычно отвечали неграмотный мужик, женщины и революционная интеллигенция. Вера в народ, русскую женщину и революцию на Чехове спотыкнулась.

С раннего детства он знал, как строится русская жизнь – на неправде, грубости, насилии. Это ранило и прошло через всю жизнь. У Чехова нет никаких иллюзий относительно «русского народа», обожествляемого интеллигенцией и революционерами, которые приносили себя в жертву ради его освобождения: «Наглость и безделье сильных, невежество и звероподобное состояние слабых, кругом страшная бедность, притеснение, вырождение, пьянство, ханжество, лживость…»

Татьяна Ларина, «тургеневские девушки», Сонечка Мармеладова не пахнут. Чеховские женщины пропахли русской жизнью. Он первым в русской литературе осмелился разрушить романтический образ женщины, почти цинично сбросил ее с пьедестала: «Анна на шее», «Володя большой и Володя маленький», «Припадок». Лев Шестов назвал его за реалистическое отношение к людям «беспощадным талантом».

Чехов одинаково презирал и власть, и рабов. «Россия – страна казённых. Мы переутомились от раболепства и лицемерия. Самолюбие и самомнение у нас европейские, а развитие и поступки – азиатские». Его диагноз медика: страна больна рабством в самой страшной его форме – рабством неосознанным. Рабство как фон, воздух. Рабство, пропитавшее и слова, и тело. Рабство как кожа – другой нет, в ней родились, в ней живем.

Самое страшное для Чехова в людях – детское невинное неумение различить добро и зло. Прекрасные молодые люди хотят освободить Россию и человечество от деспотизма, хотят принести народу свободу и добро – и бросают бомбы. Как малолетняя уставшая нянька душит ребенка в «Спать хочется», так Россия при строительстве счастливого светлого будущего придушит потом в ГУЛАГе миллионы своих детей. А до этого, узнав про убийство царской семьи, поэтесса Зинаида Гиппиус напишет в дневнике: «Серенького полковника не жалко».

Рассказ «Палата № 6», опубликованный в 1892 году, произвел угнетающее впечатление. Наверно, каждый читающий ощутил себя запертым в бескрайней камере. Приговор Лескова: «Палата № 6 – это Россия, это Русь!» Лесков умер в 1895 году. Рассказ «В овраге» был опубликован в 1899. Несомненно, прочитав этот текст, Лесков уточнил бы свое высказывание.

«В овраге» люди не знают разницы между добром и злом, правдой и неправдой, преступниками и полицией, родными и врагами. Там не мучатся угрызениями совести, ходят в церковь, но не знают сострадания. Слабого нужно добить, уничтожить. Нет ближних, вернее, ближние и есть самые враги, а для выживания среди врагов все оправдано. Так построен мир в русском овраге – на праве сильного. Лейтмотив рассказа «все пропитались неправдой». Здесь живут люди, пропитанные неправдой. Русские люди испорчены, развращены этой жизнью, готовы на любое зло. Село Уклеево – символ чеховской России. Только чеховской?

«В овраге» живут еще не ставшие людьми люди, которых не должно быть, но они есть, страна, которой не должно быть, но она есть, зло, которого не должно быть, но оно есть. Россия в овраге. Никто никому не нужен. Если их, не познавших человечность, кто-то и жалеет, то только автор.

* * *

Преимущество живущих в овраге – хорошо, если не понимаешь, что живешь во зле, если душа еще не проснулась. Но что делать, если ты, как кем-то избранные и обреченные до тебя, оглянулся и увидел? Радищев («Путешествие из Петербурга в Москву»): «Я взглянул окрест меня — душа моя страданиями человечества уязвлена стала». Пушкин (из письма): «Черт догадал меня родиться в России с душою и с талантом».

Как происходит прозрение? Какое яблоко нужно съесть, чтобы выпасть из рая незнания добра и зла?

Гуров в «Даме с собачкой» вдруг понимает, что кругом — дикари, что его жизнь унизительна, оскорбляет чувство собственного достоинства. Любовь заставила его проснуться.

Так жить нельзя. Вся русская жизнь с утра до ночи является унижением человеческого достоинства. Но что делать? Как прожить в русском овраге, сохранив чувство собственного достоинства? И вопрос вопросов — как противостоять злу? Теперь, после того как русская история сделала очередной круг, Чехов снова актуален, как никогда.

Сакраментальное «что делать?»

Ответ «передовой» части русской интеллигенции: освободить хороший народ от плохого правительства. Для построение демократического общества в стране «звали Русь к топору». Топоры стучат в «Вишневом саде». Этими же топорами через несколько лет зарубят новых хозяев и дачников.

Те, кто верил в то, что народ хороший, а правительство плохое, для Чехова — слепцы. Люди, живущие в неправде и не знающие, как жить по-другому, будут так жить при любом правительстве, воссоздавая в поколениях круг зла и насилия. Если подарить рабу свободу, он захочет быть надсмотрщиком над другими рабами. Нужно дать ему самому возможность освободиться от рабства в себе, «по капле выдавливать из себя раба» (из письма Суворину).

Он был свободен от тирании готовых идей и общепризнанных догматов. Чехову претило само революционное сознание, упрощение мира до своих и врагов: мы и они, добро и зло. Из письма Чехова Суворину: «Хорош белый свет. Одно только нехорошо: мы. Как мало в нас справедливости и смирения».

Повесть «Огни» Чехов заканчивает словами: «Ничего не разберешь на этом свете». Это признание в непонимании, в незнании истины на самом деле вызов, боевая позиция. Писатель противостоит тем, кто утверждает, что знает единственную истину и ведет к ней.

Отстаивая право не понимать, не знать истины, он отстаивал свободу личности, противостоял тоталитарному сознанию, в котором варились и патриархальное население, и интеллигенция. Чехов ненавидел узкую злобную нетерпимость по отношению к инакомыслящим, восставал против диктатуры «передовой» части общества, которая навязывала вкусы, мнения, оценки, понятия добра и зла: кто не с нами, тот против нас.

Его тексты пропитаны отвращением ко всем идеям, мировоззрениям, ненавистью к шаблонам мышления, стереотипам. В своей работе о Чехове Лев Шестов отметил: «Даже у Толстого, тоже не слишком ценившего философские системы, вы не встречаете такого рода резко выраженного отвращения ко всякого рода мировоззрениям и идеям, как у Чехова».

Чехов не приемлет партийности, когда человек растворяется в общей идее, ради которой прекращает быть сам собой. Он видел, как молодые прекрасные люди, одержимые самыми замечательными идеями превращаются в фанатиков-убийц. Ионеско еще не создал свой образ людей-носорогов, но стада этих носорогов уже плодились и паслись на Русской равнине и через несколько лет после смерти писателя они схлестнутся в кровавой гражданской бойне.

Молодые люди его поколения находили правду в объявлении войны собственному государству. После взрыва в Зимнем дворце в феврале 1880 года (Чехову 20 лет), при котором было много случайных жертв, Исполнительный комитет «Народной воли» выпустил прокламацию: «Еще раз напоминаем всей России, что мы начали вооруженную борьбу, будучи вынуждены к этому самим правительством, его тираническим и насильственным подавлением всякой деятельности, направленной к народному благу. Объявляем еще раз Александру II, что эту борьбу мы будем вести до тех пор, пока он не откажется от своей власти в пользу народа, пока он не предоставит общественное переустройство всенародному Учредительному собранию». Их мечта – демократическое устройство общества, уважение прав личности, правовое государство. Их мечта будет мечтой русских юношей и девушек и в XXI веке.

Общество было на стороне террористов. Революционеров восторженно приветствовали в зале суда. Для Чехова нет сомнений: восстать против зла с бомбой – значит, самому стать злом. И революция, до которой Чехов не дожил, чудовищная катастрофа, из которой страна не может выкарабкаться уже больше века, показала его правоту.

Ответ писателя своему поколению и всем, кто будет в России бороться за добро против зла – «Рассказ неизвестного человека». Чехов написал произведение, где главный герой – террорист, а сюжет – подготовка теракта. Цель рассказчика – устранить крупного царского чиновника. Для этого он поступает на службу лакеем в дом сына своего врага. Проникаясь жизнью окружающих его людей, он начинает помогать им, спасает ребенка женщины, попавшей в сложные обстоятельства, проявляет человеческие чувства к своим врагам. Он отказывается от убийства. И от самопожертвования во имя великой прекрасной цели. Он начинает видеть и ценить свою жизнь и жизнь окружающих. Бытие человека, сочувствие ближнему, собственное достоинство важнее «идей» и готовности нести смерть другим и себе.

Героическое самопожертвование в религиозном угаре вместо кропотливого ежедневного устройства быта – это то, что претило Чехову.

Ни Христос, ни «русская идея», ни революция не способны спасти страну, подошедшую к краю бездны. Чехов видел только один спасительный мост в будущее. Цивилизация. Культура. Пробуждение человеческого достоинства.

«В электричестве и паре больше любви к людям, чем в неядении мяса и непротивлении...» – записал он после визита к Толстому.

Рецепт Чехова – не приносить себя и других в жертву ради самой прекрасной идеи, а просто быть порядочным человеком и сажать сады. Он сажал сады, устраивал школы, библиотеки, строил больницы. Он ощущал себя культурным колонизатором среди дикарей: должен был контролировать каждый кирпич, каждый гвоздь – все разворовывали.

Для Чехова страшно проповедничество, страсть к самопожертвованию, но не менее страшна и другая крайность – впадение в бессмысленное мещанское прозябание. Он ненавидел добрых людей, неспособных делать добро. Жить, не делая конкретных добрых дел для других – недостойно. Еще больше его раздражали разговоры о добрых делах при отсутствии реальной деятельности. Сам он делал добрые дела без шумихи и рекламы.

В Мелихове для грязных, нечистоплотных мужиков Чехов устроил медицинский пункт, принимал больных и бесплатно их лечил. Он построил пожарный сарай для крестьян, три школы для крестьянских детей из собственных средств. Он добился, чтобы от железнодорожной станции провели дорогу к деревне. Он основывал библиотеки, закупал для них книги. В нищем, запущенном Мелихове посадил около тысячи вишневых деревьев и засеял голые лесные участки елями, кленами, соснами, дубами. На выжженном солнцем участке в Крыму посадил черешни, пальмы, кипарисы. «Если каждый человек на куске земли своей сделал бы все, что он может, как прекрасна была бы земля наша!» (из воспоминаний Горького). В своей книжке Чехов записал: «Мусульманин для спасения души копает колодезь. Хорошо, если бы каждый из нас оставлял после себя школу, колодезь или что-нибудь вроде, чтобы жизнь не проходила и не уходила в вечность бесследно».

* * *

В одном письме 1888 года Чехов написал: «В России революции никогда не будет». В это время он работал над повестью «Степь». У художника рука всегда мудрее головы. В повести речь идет о мальчике. Мальчик вырастет и будет делать революцию. Грядущая катастрофа уже живет в людях, Чехов описывает людей, готовых к насилию. Молодой возчик Дымов убивает безвредного ужа – так он убьет потом самого мальчика. Брат хозяина корчмы Соломон пропитан злобой и готовностью разрушить несправедливый мир – будет потом в ЧК расстреливать.

Ему хотелось верить в эволюцию, в то, что демократическое устройство общества сменит в России власть насилия и невежества мирным путем. «Вот увидите, – убеждал он своих собеседников, – скоро у нас будет конституция, без конституции уж больше нельзя» (И. Альтшуллер, «Отрывки из воспоминаний об А.П. Чехове»).

О Чехове последних лет Влад Дорошевич рассказывает: «Кто бы в последние годы ни приезжал к нему, – один из первых вопросов он задавал:

– А как вы думаете? Скоро у нас будет конституция?

Или говорил, как положительно ему известное:

– А знаете, у нас скоро, скоро уже будет конституция.

Он видел ее близость во всем» (В. Дорошевич, «Чехову 50 лет. Чеховский юбилейный сборник»).

Чем ближе он чувствовал свою смерть, тем сильнее ему хотелось верить, что все в России будет, наконец, хорошо. Его последний рассказ «Невеста» заканчивается бодрым финалом. Героиня уходит из родного дома: «Впереди ей рисовалась жизнь новая, широкая, просторная, и эта жизнь, еще неясная, полная тайн, увлекала и манила ее. Она пошла к себе наверх укладываться, а на другой день утром простилась со своими и, живая, веселая, покинула город – как полагала, навсегда».

Что эту девушку ожидало на самом деле – за пределами книги – Чехову даже не могло привидеться. Самое страшное, что мог себе представить писатель для своей героини, было вернуться в город, из которого уедет. И чеховскую «невесту», и всю страну ждали непредставимые ненависть, боль и кровь.

Россия за Чеховым не пошла. Его чайка прилипла к театральному занавесу, не смогла выбраться из оврага.

После смерти Чехова пройдет всего несколько лет, и знаменитый ялтинский мол, по которому когда-то гуляла дама с собачкой, станет местом проведения массовых расстрелов.

Если бы не ранняя смерть, с кем был бы Чехов?

Из письма Ивана Бунина Марку Алданову, 1947 г.: «Я только что прочел книгу В. Ермилова "Чехов" (книга советского критика Ермилова была удостоена Сталинской премии – М. Ш.) Очень способный и ловкий с. с. (сукин сын) – так обработал Чехова, столько сделал выписок из его произведений и писем, что Чехов оказался совершеннейший большевик и даже «буревестник», не хуже Горького, только другого склада. И, читая эти бесконечные и однообразнейшие выписки, все время удерживаешься от ненависти к Чехову».

Алданов – Бунину, 4 августа 1947 г.: «Насчет Чехова Вы напрасно. Цитаты повыдергивать Ермилов мог, но уж какой Чехов был большевик! Он был «правый кадет», и если бы дожил до революции, то писал бы в «Современных записках» и в «Последних новостях», ходил бы с нами в Париже в рестораны, а в Москве Ермиловы другими цитатами доказывали бы, что он белобандит. Или, вернее, не писали бы о нем ни слова, и его книги там не издавались бы...»

Чехов знал страну и предчувствовал ее будущее. Из одного письма: «Под флагом науки, искусства и угнетаемого свободомыслия у нас на Руси будут царить такие жабы и крокодилы, каких не знала даже Испания во времена инквизиции. Вот вы увидите!»

Увидели.

Мог ли быть Чехов патриотом? На вопрос, как Чехов относился к патриотизму, он ответил сам. Несколько цитат.

«Если жена тебе изменила, то радуйся, что она изменила тебе, а не отечеству» (из рассказа «Жизнь прекрасна»).

«... как дурно мы понимаем патриотизм! Пьяный, истасканный забулдыга муж любит жену и детей, но что толку от этой любви? Мы, говорят в газетах, любим нашу великую родину, но в чем выражается эта любовь? Вместо знаний – нахальство и самомнение паче меры, вместо труда – лень и свинство, справедливости нет, понятие о чести не идет дальше «чести мундира», мундира, который служит обыденным украшением наших скамей для подсудимых. Главное работать надо, а все остальное к черту; быть справедливым, а остальное все приложится» (из письма Суворину 9 декабря 1890).

«Наша матушка Расия всему свету га-ла-ва! – запел вдруг диким голосом Кирюха, поперхнулся и умолк. Степное эхо подхватило его голос, понесло, и, казалось, по степи на тяжелых колесах покатила сама глупость». Из повести «Степь».

Чехов был патриотом человеческого достоинства – страны, которой нет ни на одной карте.

* * *

Чеховские герои мечтали о той жизни, которая наступит через сто лет.

Свою лекцию о Чехове Набоков заканчивает так: «В XXI веке, когда, я надеюсь, Россия будет более славной страной, чем сегодня, от Горького останется одно имя, а Чехов будет жить столько, сколько березовые рощи, закаты и страсть к творчеству».

В тот день, когда в Одессе русская ракета попала в многоквартирный дом № 134 по проспекту Добровольского, во многих театрах в России шел Чехов. Погибли 10 человек, среди них трое детей. Двум не было и года. Младенцы погибли со своими матерями. Их фотографии, живых и убитых, можно найти в интернете. Когда исковерканные тела доставали из-под обломков, со сцены московского театра звучали слова из «Дяди Вани»: «Те, которые будут жить через сто, двести лет после нас и которые будут презирать нас за то, что мы прожили свои жизни так глупо и так безвкусно, – те, быть может, найдут средство, как быть счастливыми…»

ВОЗРАЖЕНИЕ ПРИШВИНА

Мой Пришвин

> *Я в плену у жизни и верчусь, как василек на полевой дороге, приставший к грязному колесу нашей русской телеги.*
>
> Дневник, 1918

В школе в 4-м классе мы должны были читать «Кладовую солнца». Дома я зачитывался «Урфином Джюсом», «Незнайкой на Луне», романами Жюля Верна, и помню, что после этих книг от текста в школьной хрестоматии веяло невероятной скукой. Так я впервые столкнулся с прозой Пришвина. Он не умел писать для детей. Детским писателем он стал, чтобы спастись от «века-волкодава». Так назвал то время Осип Мандельштам, которому спастись было не суждено.

Писатель Михаил Пришвин сделал три литературных карьеры в трех разных эпохах. До революции, начав с этнографических рассказов, он примкнул к метафизическим поискам декадентов и прославился своими очерками о мужицких религиозных сектах. В СССР Пришвин стал классиком советской литературы как детский писатель и «певец природы». В постсоветский период он снова оказался на гребне литературной волны, открывшись читателю в 18-томном дневнике в совершенно ином свете как ненавистник большевиков и всяческих революций.

В молодости Пришвин переболел марксизмом и даже отсидел год в тюрьме. Вклад молодого марксиста в революцию заключался в основном в переводе книги Августа Бебеля «Женщина и социализм». Позже, в дневнике он признается, что его марксизм был не совсем «ортодоксальным»: «В тайне души своей я стал проповедовать марксизм, имея в виду грядущее царство будущей женщины. Нужны были стихи, нужны были дудочки, нужны были стихи для меня, и я ревел строго по Марксу, закону экономической необходимости, утаивая свою великую тайну: грядущий век царства женщин будущего» (здесь и далее цитаты приводятся по изданию Пришвин М.М. Дневники. 1905–1954 гг. в 18 томах).

Будущее наступило в 1917 году. В феврале русская интеллигенция одержала победу в вековой борьбе с царизмом. Россия была объявлена самой демократической страной в мире, например, русские женщины получили права, которые и не снились в то время женщинам на Западе. Но восторг очень скоро сменился разочарованием. В народном сознании демократия преломилась в слабую диктатуру. Вместо правового государства в Россию пришла мужицкая анархия.

Большевиков Пришвин воспринимал в 17 году как символ разрушения, как силу, подготовившую и возглавившую «русский бунт, бессмысленный и беспощадный», о котором предупреждал еще Пушкин. Главным врагом молодой русской демократии оказался не царизм, а сам народ, за освобождение которого боролась интеллигенция долгие годы. Большевистский переворот в октябре казался писателю окончательным поражением революции, концом государства, победой хаоса, разгромом культуры. Пришвин отчаянно сражался против наступающей тьмы в своих очерках, пока большевики не закрыли оппозиционные газеты. Писатель яростно публично нападал на Александра Блока за его статью «Интеллигенция и Революция», в которой знаменитый поэт призывал «слушать музыку революции». 31 октября 1917 года в газете «Воля народа» Пришвин опубликовал очерк о Ленине «Убивец!» Писателя арестовали, и он две недели провел в большевистской тюрьме.

Наступившую новую Смуту Пришвин надеялся переждать в деревне. Он родился в имении, которое мать после смерти отца продала за долги. Всю жизнь он пытался вернуться в этот утраченный рай: построить дом, жить на земле. Перед самой революцией он выкупил имение, в котором провел детство, построил там дом, но рай вернуть не получилось. Первая жена Пришвина вспоминала: «Однажды подкинули нам записку, что завтра придут имение громить и Михаила Михайловича убить собираются. Что делать? Решили, что надо ему на время скрыться. Вот он оделся во что похуже, взял в ладанку родной землицы, я его перекрестила на дорогу – и он ушёл. А вскоре нас в самом деле пришли громить».

До конца гражданской войны Пришвин с семьей спасался в глухих провинциальных городках, работая то библиотекарем, то учителем. Невозможность публиковаться он компенсировал записями в своем дневнике. До революции эти записи были «просто» разговором писателя с самим собой. Только там и тогда, где за слова убивают, дневник становится чем-то большим, чем дневник.

По записям за годы Смуты видно, как менялось его отношение к происходящему с Россией и к большевикам. И самые горькие выстраданные строки – о русском народе, о тех самых мужиках, ради которых делалась революция: «Дать волю мужику – это значит дать волю всё разрушить». Агроном по образованию, Пришвин писал о самом больном, о том, как рабское мужицкое сознание относится к земле и природе: «Я никогда не считал наш народ земледельческим, это один из великих предрассудков славянофилов, хорошо известный нашей технике агрономии: нет в мире более варварского обращения с животными, с орудием, с землей, чем у нас. Да им и некогда и негде было научиться земледелию на своих клочках, культура земледелия, как и армия царская, держалась исключительно помещиками и процветала только в их имениях. Теперь разогнали офицеров – и нет армии, разорили имения – и нет земледелия: весь народ, будто бы земледельческий, вернулся в свое первобытное состояние». Для Пришвина нет никаких иллюзий: мужик – враг самому себе, страна погибает, и ее гибель нужно любыми средствами остановить.

Невидное современникам очевидно для тех, кто смотрит на революцию с расстояния в целый век. Русская История использовала большевиков вслепую для восстановления порядка в стране, объятой «демократической» смутой. Им казалось, что они строят светлое коммунистическое будущее, но под марксистскими лозунгами коммунисты неосознанно восстанавливали империю. Рухнувшее в свободу государство возводилось заново единственным способом, известным русскому прошлому, – насилием и страхом. Страна возвращалась железной рукой из кровавого загула к порядку.

Пришвин остро чувствовал суть происходящих событий. Марксистская риторика узурпаторов нисколько не мешала ему ясно видеть, кого из себя представляет новая власть: «Русский народ создал, вероятно, единственную в истории коммуну воров и убийц под верховным руководством филистеров социализма». Но если в 1917 году большевики для него еще разрушители цивилизации, то уже в декабре 1918 он записывал: «Самое тяжкое в деревне для интеллигентного человека, что каким бы ни был он врагом большевиков – все-таки они ему в деревне самые близкие люди»). В этом объяснение победы марксистских фанатиков Ленина и Троцкого: на собственном чудовищном опыте люди приходили к выводу, что самая отвратительная власть в России лучше безвластия.

К началу 20-х годов в России смута завершилась, в стране окончательно восстановился новый порядок. Советскую власть приходилось принимать как данность. Стратегия выживания диктовала свою, накопленную в годы террора мудрость: «Как можно быть против! – записывает Пришвин в дневнике, – только безумный может стать под лавину и думать, что он ее остановит».

Большевики объявили НЭП, обескровленная страна вздохнула: разрешена частная торговля, открылись частные издательства. Пришвину казалось, что самое страшное уже позади, можно покинуть свое провинциальное убежище, где он пережидал исторические бури, и возвращаться в столицу и в литературу.

Он привез в Москву повесть «Мирская чаша» об испытанном и пережитом в гражданскую войну. Повесть была отклонена по цензурным соображениям. Пришвин написал самому Троцкому, только что выпустившему книгу «Литература и революция»: «Уважаемый Лев Давыдович, обращаюсь к Вам с большой просьбой прочитать посылаемую Вам при этом письме мою повесть. <…> За границей я ее печатать не хочу, так как в той обстановке она будет неверно понята, и весь смысл моего упорного безвыездного тяжкого бытия среди русского народа пропадет. Словом, вещь художественно-правдивая попадет в политику и контрреволюцию. Откладывать и сидеть мышью в ожидании лучших настроений – не могу больше. Вот я и выдумал обратиться к Вашему мужеству, да, советская власть должна иметь мужество дать существование целомудренно-эстетической повести, хотя бы она и колола глаза. <…> Примите привет моей блуждающей души. Михаил Пришвин».

Советская власть «проявила мужество» и ответ вождя был краток: «Признаю за вещью крупные художественные достоинства, но с политической точки зрения она сплошь контрреволюционна».

Чтобы публиковаться при новом режиме писатель должен был найти свою нишу. И он ее нашел: отсутствие людей придавало природе человечность. Пришвин стал «певцом природы». В дневнике он откровенен с самим собой: «Я ненавидел русское простонародное окаянство (орловское и великорусское), на которое русские эмигранты хотели надеть красную шапку социальной революции, и потому-то я любил Россию непомятых лугов, нетоптанных снегов…»

Непомятые луга и нетоптаные снега в отсутствие человека с его высокими идеями и кровавыми деяниями становятся на всю оставшуюся жизнь литературным заповедником Пришвина. В советскую литературу он вошел как автор очерков об охоте, собаках, болотах, нетронутой природе. Его ждал огромный успех. Пришвина публиковали все ведущие газеты и журналы страны. Для подданных режима с удушающей идеологией эти очерки были глотками чистого воздуха. И Пришвин прекрасно это понимал: «Пишу я о природе, а мои читатели хватаются за мои книги, как многие думают, чтобы забыться на стороне от мучительной действительности. Некоторые люди, мои недруги, говорят, что я обманом живу».

В своем дневнике Пришвин каждый день делал запись о погоде, дожде, снеге, сосульках. И чем мрачнее становилась окружавшая его действительность, тем важнее было писателю хвататься за «весну света», за эти сверкавшие на ярком солнце сосульки, как за спасательный круг. Так и его читатели хватались за пришвинские очерки в «Календаре природы» – его слова, проникнутые верой в чистоту и добро Божьего мира природы помогали выжить в человеческой тьме. Это был не обман. Это была отчаянная борьба за выживание человека в советском рабе. Природа стала единственной правдой в мире коммунистической лжи.

Писатель-эмигрант Алексей Ремизов писал о своем бывшем друге: «Пришвин, во все невзгоды и беды не покидавший Россию, первый писатель в России. И как это странно сейчас звучит этот голос из России, напоминая человеку с его горем и остервенением, что есть Божий мир, с цветами и звездами, и что недаром звери, когда-то тесно жившие с человеком, отпугнулись и боятся человека, но что есть еще в мире и простота, детскость и доверчивость – жив "человек"».

На «беленького» Пришвина набросились критики, блюстители идеологической чистоты советской литературы. Ему не могли простить его аполитичность. Выхода было только два: замолчать вовсе или начать писать для режима. К середине 20-х годов Пришвин уже принадлежал к элите новой литературы, печатался массовыми тиражами, получал огромные гонорары. Его писательство позволяло ему заниматься любимым делом – он охотился в лучших угодьях, путешествовал по всей стране. Молчание известного писателя было бы восстанием, бунтом против устоявшегося в стране режима. Эмиграция означала бы свободу, но нищету, потерю родины и читателя. Да и кто отпустил бы его за границу? Пришвин писал Горькому, жившему в это время полуэмигрантом в Италии: «Охота и писание и значат для меня свободу в полном смысле слова, деньги – как необходимость, слава – как условие получения денег, и только». Пришвин сделал выбор, следуя своему жизненному кредо: «Только безумный может стать под лавину и думать, что он ее остановит». В 1926 году он написал свой первый верноподданнический рассказ «Ленин на охоте». Кесарю кесарево.

Человеческим прибежищем для Пришвина был лес, писательским – дневник. В лесу, вдали от идеологии, было безопасно. 20 сентября 1926 он записывает: «Очень удобно романтику для самосохранения жить в стороне, наведываясь в "смешанное общество", но не оставаясь в нем долго, чтобы тебя не раскусили…» В лесу можно было быть самим собой. В интимном дневнике «советский писатель» Пришвин снова становился настоящим писателем, неспособным на компромиссы. Это была его единственная возможность не потерять себя в собственных глазах. Быть не советским, а настоящим. И этот честный дневник был главной опасностью для его жизни.

Он видел и записывал все. Ему выпало быть свидетелем «построения социализма в одной отдельно взятой стране», как подправил Сталин идею Маркса о всемирной пролетарской революции. Пришвинский дневник – летопись построения в этой стране сталинского ада.

«В Лавре снимают колокола, и тот в 4000 пудов, единственный в мире, тоже пойдет в переливку. – записывает Пришвин 22 ноября 1929 года. – Чистое злодейство, и заступиться нельзя никому и как-то неприлично: слишком много жизней губят ежедневно, чтобы можно было отстаивать колокол». Его ужасает коллективизация, уничтожение крестьянства: «Нечто страшное постепенно доходит до нашего обывательского сознания, это – что зло может оставаться совсем безнаказанным и новая ликующая жизнь может вырастать на трупах замученных людей и созданной ими культуры без памяти о них» (запись 24 января 1930 года).

Летом 30-го года: «Мы живем все хуже и хуже <…> Эта еда и всякие хвосты у магазинов – самый фантастический, кошмарный сон какого-то наказанного жизнью мечтателя о социалистическом счастье человечества». Осенью того же года: «Если пристально вглядеться в наш социализм, то люди в нем оказываются спаяны чисто внешне, или посредством страха слежки, или страхом голода…»

Когда Горький, вернувшись из-за границы в СССР, предложил Пришвину участвовать в издании нового журнала «Наши достижения» – в дневнике появились эти горькие строчки: «Думаю, что наши достижения состоят главным образом в Гепеу. Это учреждение у нас единственно серьезное и в стихийном движении своем содержит нашу государственность всю, в настоящем, прошлом и будущем. Все остальное болтовня…»

В самые страшные времена террора перо Пришвина документирует психоз, охвативший страну (28 января 1937 года): «Приумолкли дикторы счастья и радости, с утра до ночи дикторы народного гнева вещают по радио: псы, гадюки, подлецы, и даже из Украины было: подлюка Троцкий. У нас на фабрике постановили, чтобы не расстреливать, а четвертовать, и т. п.»

Все происходящее в стране и мире подвергается трезвому безжалостному анализу (30 января 1937 года): «Фейхтвангер пишет о фашизме, а мы все это видим в коммунизме. Общее в том и другом нечто, с точки зрения талантливого еврея, оглупляющее: немцы – пишет он – поглупели. Но ведь и мы поглупели невероятно, и все от тех же причин, которые у фашистов носят название "чистой расы", у нас "класса рабочих"». 22 сентября 1939 года: «Гитлер и большевики одинаково решают вопрос о "человечности" – в этом они близки».

Вся страна пронизана страхом. В годы массовых репрессий сам дневник сжимается, строчки скукоживаются, записи можно прочесть только с лупой. «Берут одного за другим, и не знаешь, и никто не может узнать, куда его девают. Как будто на тот свет уходят. И чем больше уводят, чем неуверенней жизнь остающихся, тем больше хочется жить, несмотря ни на что!».

Пришвин всю жизнь увлекался фотографией. Сохранился его снимок семьи Трубецких, живших в те годы, как и писатель, в Сергиевом Посаде. Это были его ближайшие друзья. 30 октября 1937 г. Владимир Сергеевич Трубецкой, с которым Пришвин любил вместе охотиться, был расстрелян. Позже расстреляли его дочь Варвару. Десять лет в лагере провел его сын Григорий; в лагере умерла дочь Александра. Вдова Елизавета Владимировна Трубецкая была арестована в 1943 г. и умерла в Бутырской тюрьме. Круг казненных вокруг Пришвина с каждым годом сжимался.

Вести откровенный дневник в такое время равносильно подписанию себе самому смертного приговора. Да и прежние записи 20-х годов в 30-е уже тянули на «вышку». В 1927 году Пришвин записывает: «Читал "Известия", с большим трудом одолел огромную статью Сталина и не нашёл в ней ничего свободного, бездарен и честен, как чурбан». В 1930 году о Сталине: «Невежественный тупой владыка». О тайном дневнике Пришвина знал только один единственный человек, его любимая. Однажды он сказал своей Ляле об этих тетрадках: «За каждую строчку десять лет расстрела». Ее расстреляли бы вместе с ним. И все-таки он продолжал записывать этот смертный приговор каждый день.

Чтобы выжить, необходимо было овладеть искусством мимикрии. Для общения с людьми Пришвин надевал маску советского писателя. В 1932 году, на первом Пленуме оргкомитета Союза советских писателей он в приветственной речи славословил партию и ударников от литературы. В 1934 году на первом съезде советских писателей он был избран в члены правления нового союза, тогда же, став членом правления издательства «Советский писатель», написал для издательской стенгазеты статью «Михаил Пришвин рапортует XVII съезду». Он старался быть как все. Но он не мог быть как все. Писатели должны были быть повязаны кровавой порукой – участвовать в показательных процессах, выступать с требованиями расстрелять разоблаченных врагов народа, своих вчерашних друзей, подписывать коллективные «обличительные» письма. Пришвин с обличительными речами не выступал и писем не подписывал. Он научился скрываться: от него приходил ответ, что Пришвин на охоте, связи с ним нет и неизвестно, когда вернется.

Каждый советский писатель должен был написать свою присягу на верность режиму и диктатору. И все писали. Алексей Толстой – «Хлеб». Михаил Булгаков – «Батум». Осип Мандельштам – «Ода». Анна Ахматова – «И Вождь орлиными очами Увидел с высоты Кремля…» Кого-то спасало, кого-то – нет. «Присягой» Пришвина был роман «Осударева дорога».

В 1933 году писатель побывал на строительстве Беломоро-Балтийского канала и решил написать роман о трудовом перевоспитании "врагов народа". Ключевой сценой было спасение стройки от затопления совместным самоотверженным трудом охранников и заключенных. В финале главные герои проплывают через построенные шлюзы на пароходе «Чекист». Название книги указывало на преемственность советского государства: сталинский канал проходил по тем местам, где когда-то проложили по тайге и болотам дорогу по указу Петра Первого. Писатель прекрасно понимал, что фальшивит: «Три четверти этого романа есть результат приспособления к среде, и разве одна четверть, и то меньше, я сам». Эта работа отняла у Пришвина пятнадцать лет жизни. Роман не давался ему, перо противилось лжи. Слишком велика была разница с тем, что видел Пришвин в реальной жизни: «Север: гонимые матери с младенцами, и все, что мы видели на Соловках, и статуя на канале, и трупы в лесах». Он привык писать сказки о природе, о вальдшнепах, собаках и оленях. Теперь он писал сказку о ГУЛАГе. Ему мешали воспоминания о лицах заключенных, перед которыми ему пришлось выступать на митинге на стройке канала.

Отрывки из романа публиковались в журнале «Молодая гвардия». Даже незаконченная пришвинская «присяга» была наверху принята и оценена по достоинству. Режим знал своих подданных и не скупился ни на страх, ни на привилегии для избранных. «Пришла бумага от Совнаркома с распоряжением дать мне машину, <…> я через несколько дней, обегав издательства, наскреб необходимую сумму для выкупа автомобиля». Советским «инженерам человеческих душ» полагалось быть в нищей стране весьма обеспеченными людьми. Личный транспорт в СССР в то время могли позволить себе лишь немногие. За 20 последних лет жизни у Пришвина сменилось 5 автомобилей. В 1937 году, когда «граждане самой счастливой страны на свете» ютились в коммуналках и бараках, Пришвин вселился в большую четырехкомнатную квартиру в новом писательском доме напротив Третьяковской галереи. Он был одним из первых орденоносцев, что тогда очень высоко ценилось, покупал загородные дома и дачи, мог позволить себе содержать прислугу, личного шофера, отдыхал в правительственном санатории в Барвихе, лечился в Кремлевской больнице. Пришвин принадлежал к хорошо прикормленной советской элите. «И автомобиль, и хорошая квартира в каменном доме хороши сами по себе, и против этого ничего невозможно сказать, – замечал он с иронией в дневнике. – Плохо только, что когда ездишь в машине, то отвыкаешь понимать пешехода, а когда живёшь в каменном доме, не чувствуешь, как живут в деревянном».

Он презирал власть, которая его кормила и которой он служил. «Я чувствую, что если бы наш коммунизм победил весь свет и создались бы прекрасные формы существования, – я бы все равно не мог бы стать этим коммунистом. Что же мешает? 1) отвращение к Октябрю (убийство, ложь, грабежи, демагогия, мелкота и проч.) <…> Кроме личного отвращения, у меня было еще нежелание страдания, нового креста для русских людей, я думал, что у нас так много было горя, что теперь можно будет пожить наконец хорошо, а Октябрь для всех нес новую муку, насильную Голгофу». С годами и с растущим количеством погубленных людей это отношение к власти только усиливалось. 16 августа 1945 года Пришвин перечисляет имена погибших в лагерях знакомых: «Вот где склад ненависти к большевикам. Тут нет прощенья, нет согласия. Тут нож в сердце – и все!»

При этом Пришвин прекрасно понимал, что сам является частью этой античеловеческой машины. Когда-то Ленин призывал: «Литературное дело должно стать частью общепролетарского дела», «колесиком и винтиком» единого механизма. Теперь сам Пришвин был литературным «колесиком и винтиком» жесточайшего режима. Это болезненное осознание, безусловно, мучило его, и в дневнике писатель пытался найти себе оправдание. Для этого он без конца искал оправдание окружавшей его чудовищной реальности, кровавым репрессиям в законах Истории. Все революции, завершаясь, пожирают своих детей, значит, и в сталинских чистках должен был заключаться свой сокровенный смысл. «…Это выметают последние остатки тех людей, которые разрушили империю и теперь ждут за это награды…» – записывал Пришвин в дневник в 1937 году.

Уже в 30-е годы от коммунистической марксистской идеи в сталинском СССР осталась только трескучая риторика. Первое в мире социалистическое государство приобрело форму восточной деспотии, свергнутый царизм вернулся с невиданным размахом. Лозунг Маркса «У пролетария нет родины» сменился на кондовый русский патриотизм. В 1940 году, когда СССР вновь вышел на границы Российской

Империи, Пришвин написал: «Во всём мире наступает эпоха последнего изживания идей революции и восстановления идей государственных», и добавил: «примкнуть к делу Сталина, значит – к делу воссоздания России».

К окончательному внутреннему примирению с советской реальностью Пришвина привела победа над Германией в жесточайшей войне, в которой Гитлер угрожал самому существованию русского народа. Война ускорила превращение советской республики в возрожденную Сталиным русскую империю. Введение в армии дореволюционных погон, званий, орденов в честь царских полководцев подчеркивало даже внешнее возвращение вековых имперских традиций. Примирение с белогвардейской эмиграцией перед лицом немецкой угрозы стало окончательным завершением русской гражданской войны и смуты. Пришвин записывает в дневнике: «Вот и пришло наконец-то равновесие политического сознания. Чувствую, что ничего-то, ничего и совсем ничего другого, как у нас теперь, и не могло быть при таком прошлом русского народа. Русский народ победил Гитлера, сделал большевиков своим орудием в борьбе, и так большевики стали народом». Возрождение русского государства, спасение России в страшной войне служило в глазах Пришвина историческим оправданием большевистского насилия как высшей необходимости Истории.

Человеку, которому выпала судьба жить в такую суровую эпоху, оставалось лишь осознать эту необходимость и смириться, не «вставать под лавину» в безумной надежде ее остановить, но сделать все, чтобы выжить и сохранить в себе столько человечности, сколько возможно – для будущего. «Так бывало не раз со мной, и вот отчего, когда приходишь в тупик, я не отчаиваюсь, а замираю на темное зимнее время и жду со страдающей тварью весны – воскресения».

Казалось, к концу своей долгой жизни классик советской литературы достиг всего, о чем можно мечтать. Рядом с ним был любимый человек. Главное человеческое счастье пришло к Пришвину только на закате жизни. Ему было шестьдесят шесть, когда он встретил свою Лялю, Валерию Лебедеву-Лиорко, женщину его судьбы. Эта поздняя любовь, мудрая и нежная, продиктовала лучшие страницы пришвинского дневника. Как писатель он был признан, награжден орденами и выпускался миллионными тиражами. «Меня выгоняли из школы, потому что я был не способен к ученью и непослушен. А теперь в каждой школе по хрестоматиям учат детей моим словам, меня теперь все знают и многие любят». В детстве он был изгнан из своего рая, отцовского помещичьего гнезда – теперь Пришвин исполнил свою мечту и проводил каждое лето в Дунино, своем советском поместье с прислугой и личным шофером. Он был богат и знаменит, уже при жизни его именем назвали пик и озеро на Кавказе. А главное, ему повезло выжить в самые страшные годы русской истории.

Ему повезло даже в том, что он так и не увидел напечатанной свою сказку о сталинских лагерях. От прижизненной публикации постыдной «Осударевой дороги» писателя спасла, по иронии судьбы, советская цензура. К 1949 году, когда был закончен роман, ГУЛАГ стал непроизносимым – в стране-концлагере нельзя было писать и говорить о заключенных и их рабском труде. Времена Беломорканала были давно забыты, чекисты-руководители знаменитой стройки давно расстреляны. Редакция журнала «Октябрь», куда принес Пришвин рукопись, предложила переработать текст: «уничтожить труд заключенных» и сделать так, чтобы «события были именно не на Беломорском канале». «Ильенков объявил, что "Канал" нецензурен, нельзя писать о канале: он скомпрометирован. Необходимо выдернуть всю географо-историческую часть и навертеть все на другое. Это был такой удар по голове, что я заболел».

Пришвин прекрасно понимал, что роман был фальшью с самого начала: «Ляля вчера высказала мысль, что роман мой затянулся на столько лет и поглотил меня, потому что была порочность в его замысле: порочность чувства примирения». Ляля знала, о чем говорила – ее отца расстреляли, сама она вместе с первым мужем была арестована и несколько лет провела в ссылке.

«Осударева дорога» была опубликована после смерти автора в 1957 году, в «оттепель», когда из лагерей стали возвращаться сталинские зеки. Известный писатель и сам бывший заключенный Олег Волков так высказался о романе: «Думаю, что никто из перемалываемых тогда в жерновах ГУЛАГа не вспомнит без омерзения книги, брошюры и статьи, славившие "перековку трудом". И тот же Пришвин, опубликовавший "Государеву дорогу", одной этой лакейской стряпней перечеркнул свою репутацию честного писателя-гуманиста, славившего жизнь!»

А в 1949 году, получив указания редакции, 75-летний писатель принялся переделывать книгу, действие было перенесено на новую советскую стройку, уже без участия заключенных. Автор дал название роману, этому насилию над собой, «Новый свет». Советская литература изобрела «идеальное убийство» – писатель должен был убить себя своим текстом.

Единственным спасением Пришвина был его дневник. Дневник был его борьбой с собственным страхом, борьбой за сохранение своего человеческого достоинства. В жизни ему приходилось молчать или говорить, нацепив маску, которая его душила. Единственным собеседником была тайная тетрадка. Только в последние годы он нашел себе друга, Лялю, которой мог довериться, а до этого он всю жизнь провел с родными, но чужими по сути своей людьми. «С ними я всю жизнь промолчал» – скажет он в старости.

Дневник был его подлинной жизнью. Ведение этих записей превратилось для Пришвина в условие выживания, в физическую потребность организма – как потребность дышать. Это исповедь длиною в долгие годы. Он знал, что его настоящие искренние строчки никто из окружавших его людей никогда не прочтет. Это был его крик в будущее. «Сколько раз мне мелькало как счастье взять на себя подвиг телеграфиста, утонувшего на «Лузитании»: он, погибая, до последнего вздоха подавал сигналы о спасении гибнущих людей. И мне казалось, что в писаниях своих я займу когда-нибудь положение этого телеграфиста. Но где они, те люди, которых я стал бы вызывать на помощь: те, кого я знал, все сошли, и чем они жили, больше не имеет смысла, те же, кто будет впереди…» (запись от 6 сентября 1939 года). Среди официальной лжи и молчания замордованного населения он ощущал свой долг быть «писателем побежденного бессловесного народа без права писать даже».

Дневник был его долгом спасти себя и ускользающее мгновение. Освободить навсегда от забвения хоть один день бытия – в этом он видел главную задачу свой жизни: «В нравственном смысле это одно и то же – что поймать текущее мгновение с заключением в форму, что выхватить из воды утопающего ребенка». Дневник был его ежедневной схваткой со смертью: ничего не записать означало исчезнуть, он старался остаться каждым записанным днем. «Главное то, о чем я пишу каждый день, чтобы день пришпилить к бумаге. Потомки, может быть, и будут ругаться, но дело сделано – день пришпилен». Дневник был его личной частичкой вечности.

Он никогда не расставался со своим дневником, ради спасения этих тетрадок, не раздумывая, рисковал жизнью. Так, во время пожара он вбежал в горевший дом, готовый обрушиться, чтобы выхватить дневник из огня. Во время войны осенью 1941 года единственное, что захватил с собой 70-летний Пришвин, покидая Москву, был чемодан с тетрадками дневников. В эвакуации он прятал записи в разрезанной резиновой лодке, закопанной в землю в лесу.

«Я написал несколько томов дневников, драгоценных книг на время после моей смерти». Это были для него не рукописи, но часть его самого, его живая плоть, которая не подвергнется гниению. Он не мог говорить открыто с современниками, дневник – его разговор с читателем из будущего, с нами. В романе Пришвин лгал, в дневнике был искренним, порой безжалостным к себе. Он не уничтожил и не изменил за все годы ни одной строчки. «Нёс я эти тетрадки, эту кладовую несгораемых слов за собою всюду… Мои тетрадки есть моё оправдание, суд моей совести над делом жизни». Писатель знал, что именно дневник – та самая сокровенная книга, которая оправдает его не только перед потомками, но и перед тем главным Читателем, который будет судить его на Страшном Суде. Пришвин часто записывал свои сны. Однажды ему приснилось, что он несет на Страшный Суд чемодан со своими дневниками.

Писатель никому, кроме жены, не показывал свои записи. В эпоху, когда человек отвечает за каждое слово жизнью, и не только своей, но и жизнью близких, его дневник был их общей тайной и страхом. Их общим мужеством.

Его Ляля, Валерия Дмитриевна, проживет после смерти Пришвина долгую жизнь и будет тайком готовить дневник мужа для издания в далеком будущем, страдая от того, что никто не знает, кем был ее любимый на самом деле, и одновременно боясь, что об этом узнают. Она закажет жестяные ящики, чтобы запаять туда перепечатанные ею тетради и закопать – так дневник Пришвина мог бы храниться вечно, дожидаясь будущей публикации. Она умрет в 1979 году.

В январе 1954 года Пришвина, больного раком, привезли в клинику, но делать операцию врачи отказались. Больному сказали, что дело идет на поправку, велели пить сухое белое вино, не мучить себя диетой, есть все, что пожелает, и отправили домой.

Наверно, в последние дни писатель вел разговор со смертью, которая сидела на краю его кровати. Запись за несколько дней до конца, 11 января 1954 года: «Лежу и ничем не могу возразить».

Он уже возразил – своими дневниками.

БЕГУН И КОРАБЛЬ

Мой Шаров

Мое первое впечатление от твоей прозы — гигантский оползень, земля уходит из-под ног, только скатываешься в пропасть не с куском берега, а со всей страной и историей.

Мы познакомились на «четвергах». Сколько лет прошло? Почти сорок?

Отсюда, с этого берега жизни, ты в том времени видишься мне совсем юнцом. Сколько тебе было? 27? 28? Долговязый, худой, улыбка до ушей, уйма рыжих немытых волос, дерзкая борода. Но тогдашнему мне — у нас девять лет разницы — ты казался библейским мудрым старцем. Ты и был им.

Мы собирались по четвергам на разных квартирах, человек десять. Новые лица то появлялись, то исчезали. Ритуал был прост и неизменен: сперва кто-то читал свой текст, потом по кругу шло обсуждение, потом пили чай. Ничего особенного, но не знаю, как тот юноша, которым я был тогда, смог бы выжить без этой еженедельной порции счастья. Юноша захлебывался в советской жиже, а эти встречи с себе подобными спасали, как глотки воздуха. Я родом из «четверга». Когда-нибудь напишу.

В «Возвращении в Египет» ты рассказываешь о секте бегунов. Эти люди из-за невозможности изменить тот страшный мир, в который их родили, бегут от власти, государства, ненависти, лжи. Дома, в которых они находят друг друга — корабли.

Это же про тебя, про нас. Это мы были бегунами. «Четверг» был моим кораблем. У тебя были свои — в Москве, в Воронеже, в Ленинграде. Мы все были бегунами от рук одного брадобрея. Пока была возможность бежать, мы бежали. Лучше всего сказала Надежда Мандельштам, что мы все живем, как на кухонной полке у сытого людоеда. Мы бегали по кухонной полке, превращая бегство в праздник. Праздник на полке нельзя откладывать.

У меня в мои восемнадцать было две мечты — стать писателем и объездить весь мир. Осознание, что меня никогда не напечатают и никуда не выпустят — инициация в мир бегунов и кораблей.

Наши корабли искали друг друга в океане лжи. Нам казалось, что трюмы набиты истиной. Истина была запрещена. Ее нужно было прятать, беречь, передавать друг другу тайком. Истина была сокровенна и жила в словах, в книгах. Слова были ее телом. Мир был ясен и прост: мы должны спасти слова, слова должны будут спасти нас.

Нас, тех бегунов, за десятилетия раскидало по всему свету.

Рано или поздно понимаешь: никакой сокровенной истины ни в каких словах нет, а корабль есть только один, огромный, без огней и команды, который всех нас одного за другим заберет с собой. Вот ты уже на борту.

* * *

Как писатель ты был всю жизнь в литературном первобытном лесу одиночкой. Всегда легче выжить в стае, а ты, по русским тюремным понятиям, жил кабаном. Тебя нельзя было ни к кому примкнуть, на тебе трещали по швам все доступные критикам измы. Тебя называли в редких статьях «один из самых загадочных современных писателей».

Ты был для них всех чужаком. Они не понимали, как с тобой обращаться. Ты вон какой вымахал, а они – литературные поплавки. Им снизу не видны были лычки на погонах, вот и растерялись.

В прежнем мире, где к самому понятию «литература» намертво присосался Союз советских писателей, ты со своими романами не мог существовать просто по законам физики. А потом их мироздание рассыпалось, начальство о них забыло, пайки перестали выписывать. Оказалось, что литература – это вовсе не они. Своим романом ты протаранил новомирскую спасательную шлюпку.

Ты никого не хотел ни задеть, ни обидеть. Зная тебя, невозможно представить себе, чтобы ты кому-то хотел зла. Ты совершенно искренне не мог понять, откуда такой вал ненависти и злобы.

Они шли на дно. Их вопль – знаменитая скандальная статья «Сор из избы» – был на самом деле криком о помощи. Прошло четверть века, и время все расставляет по местам. Ты обеспечил им упоминание в истории русской словесности.

Как бы литературный ландшафт в России ни менялся, ты так и не пришелся ко двору. До самых последних лет тебя игнорировали жюри премий, твои книги жили в закулисье. Для литературного мейнстрима ты долгие годы был юродивым на обочине.

Рутинно берясь за пересказ содержания твоих книг, рецензенты начинали своими словами перечислять все бросавшиеся в глаза нелепицы: мадам де Сталь рожает Сталина, рукопись прячется в бутылку и после смерти зашивается автору в живот, Ленин ведет беспризорных детей через море «аки по суху» в крестовый поход на Иерусалим, сталинские репрессии придуманы для спасения душ через умерщвление плоти, а Россию спасти можно, лишь дописав за Гоголя сожженный том «Мертвых душ». Твои романы нельзя пересказывать, не вводя читателя в заблуждение, потому что содержание твоих романов – вовсе не эта клоунада.

Тебя пытались засунуть на полку с историческими романами, привязывали тебя к диссертации, которую ты защитил по Смутному времени, а ты – историк будущего. Твои романы – не попытка придать смысл людоедскому русскому прошлому, а штормовое предупреждение. Они все не о прошлом, а о будущем. О будущем, которое уже наступило. Все твои романы – попытки достучаться, предупредить, спасти.

По нашей стране в XX веке пронесся ураган безумия. Сколько миллионов жизней он унес – никто никогда не сможет подсчитать. Для тебя этот ураган никогда не заканчивался – мы просто оказались в затихшем «глазе» этого циклона. Ты был специалистом по Смутному времени, и тебе было очевидно, что в России всегда Смута, которая лишь на время останавливается, чтобы отдышаться.

Для нас прошлое – картинки в школьном учебнике, фильмы с ряжеными актерами в париках, допотопные пушки у входа в курортный музей, жерла которых забиты стаканчиками от мороженого, или дискуссии экспертов о цифрах потерь в войнах и голодоморах, которые то ли были, то ли нет. Для тебя прошлое – это карта, на которой видно, как образуются исторические ураганы, откуда и куда текут реки крови. Так метеоролог видит на снимках из космоса, как возникают циклоны и антициклоны, штормы и смерчи, которые принесут людям потери и несчастья, но он не в силах ни остановить гибель и разрушения, ни ослабить мощь стихии. Он может лишь понимать и предупреждать.

Место зарождения русской катастрофы ты отметил крестиком на безымянной высоте: «Вся христианская царства приидоша в конец и снидошася во едино царство нашего государя, по пророческим книгам, то есть Ромеиское царство: два убо Рима падоша, а третий стоит, а четвертому не быти». На твоей карте все, как на ладони: Москва – новый Иерусалим, Русь – новый Израиль, русские – избранный народ.

Эту карту населяют особые люди. Они ищут истину. Они ищут веру, не столь важно какую, в Иегову или Маркса, но вера должна быть настоящей, огромной, обжигающей. Их души всасывает в себя космос, и нужно заполнить эту вселенскую пустоту такой же по размерам вселенской верой.

В ценность своей собственной жизни они верят с трудом, а в конец света легко. Они ждут прихода хоть Христа, хоть Антихриста, хоть кого-нибудь. Они наивны, как дети. Они верят всему. Они верят во второе пришествие и всеобщее воскрешение. Они верят, что живут на Святой земле и высокий смысл их существования – в борьбе с супостатами. Скажут им, что кругом царство антихриста, что царство Божие на небе, будут себя сжигать, дымом уходить в облака. Скажут им, что царство Божие на земле, будут защищать его, не щадя ни своей жизни, ни чужой, ставить к стенке, пускать в расход, шлепать ради всемирного счастья. Что может быть слаще смерти за истинную веру православную, за святую Русь, за мировую революцию, за родину, за Сталина, русские своих не бросают?

Народ, который бродит по твоей карте – из семени Аввакумова. Им – про надбавочную стоимость и борьбу классов, они – про спасение души. На митингах выступают троцкие и ленины, но в горячечном бреду про мировую революцию этот народ слышит проповеди Аввакума о гибели грешного мира и начале новой светлой жизни. Мировой пожар – продолжение его гари.

Они готовы отказаться от всего прошлого, отречься от родных, от тела, от плоти – главных хранителей грязи, греха, похоти, главных искусителей, не дающих человеку исправиться и начать жить праведно, в соответствии с Божьими заветами, с борьбой за мировую революцию. Как могут, умерщвляют они свою плоть, чтобы духа, чистоты, святости в них становилось больше, а плоти – этих вериг, которые тянут человека в грех, на дно, в ад, – было меньше.

Насельники твоей карты отказываются от тварного вещного мира, понимают, что нужно страдать, что без страдания, мучений, голода, поста – очищение, спасение невозможно, они готовы ради великой цели принять любые страдания, любые муки.

Для любви, которой движутся и море, и Гомер, на твоей карте не нашлось даже условных обозначений, но вся твоя география – о любви к Богу. Все законы человеческой природы упразднены: населению не до детей, не до семьи, не до дома. Личное счастье, супружеская жизнь приносятся в жертву великой идее всеобщего спасения. Общему делу подчинено все, вплоть до самого главного – рождения ребенка. Каждая женщина – Мария, живущая для рождения Спасителя, будь то Христос или Коля Гоголь.

Все дороги на твоей карте ведут кругами и кренделями в одну сторону. Иди хоть на Новгород с опричниками, на Берлин с танковым корпусом генерала Бойко, на Магадан с этапом – все равно все дороги ведут к Богу, ибо ведет их власть, а тому, кто наверху – виднее.

Им сказали, что царь – от Бога, что он – отец правоверного народа, защитник Святого града, велика Россия, а отступать некуда, кругом – океан бесконечного зла. Не только восставать, но даже противиться царскому гневу – значит противиться воле Божьей, что есть смертный грех. Нужно объединить все народы мира под властью православного царя и тем самым превратить земной шар в Святую землю, а когда вся земля будет такая, тогда Христос и явится. Задача власти: расширение территории истинной веры, невзирая ни на какие жертвы. Раньше думай о родине, а потом о себе. Первым делом, первым делом самолеты, ну а девушки, а девушки потом. Там правят скопцы, мечтающие оскопить весь мир. Истинный государь женат на ландкарте.

Цари бывают настоящие и ненастоящие. Если карта прирастает, если другие народы склоняются перед московским самодержцем, как некогда посохи магов – перед посохом Моисея, то в этом благословение Божие замордованному населению, что преданно тянет веками лямку и геройски проливает кровь за святое отечество. И тогда не так важно, как царь пришел к власти и как правил своими подданными. Он может истреблять их миллионами, тысячами разрушать храмы, расстреливать священников. Важно лишь, что царь – настоящий, потому что враги трепещут, а Святая земля множится.

И наоборот, военные неудачи, утрата даже небольшой части Святой земли – ясный знак для подданных, что царь неблагословен, неистинен и незаконен. Проиграл Японскую, не смог одолеть Чечню – значит в обличье царя на троне сидит «вор» и самозванец. Иначе почему Господь от него и от своей Святой земли отвернулся?

Поколение идет за поколением по твоей карте и каждый раз промахивается мимо домика с аистом на крыше и проваливается в спасение души: за царя и отечество, наше дело правое, все для фронта все для победы, крымнаш, вставание с колен и т. д. и т. п. У спасения души заготовлено много аватаров. Они повторяют, как мантру, что их отчизна – святая земля, что она «натуральный всамделишный рай… Пусть мы через одного голы и босы, зато счастливы, да и Адам был гол». «Да хоть камни с неба – мы на родине!» А железный занавес – чтобы не измараться, не смешать сакральное с тварным.

И если кто-то заикнется, что вот это бескрайнее безвременье на карте – никакая не святая Земля, а самый что ни на есть Египет и есть, его высочайшим повелением объявляют сумасшедшим, расстреливают в Бутовском овраге, отправляют грызть снег в Ивдель, сжигают его чучело у метро «Аэропорт», обливают на худой конец мочой из банки как нацпредателя.

Чуть ли не половину твоей карты занимает Николай Федоров. Там нет гор, все срыты. Низины засыпаны, всюду ровное поле. Вместо рек, текущих по собственной прихоти, – ровные каналы. Города, главные прибежища разврата, роскоши и неравенства, уничтожены. Весь земной шар подчинен русской православной короне. Второе пришествие рукотворно. Нечего ждать милостей у Христа, взять их у Него – наша задача. Святой русский народ может и без Его помощи спасти весь род человеческий. Смерти нет, ребята! Не обязательно ждать ни антихриста, ни Страшного суда, все устроим сами. Для общего дела построения рая на земле создаются трудовые армии. Вот распашем целину и возьмемся за воскрешение мертвых. В царство правды и вечной жизни – в ногу.

Федоров – квинтэссенция русской катастрофы. С Христом ли, с Марксом – все кончается ГУЛАГом.

* * *

Расстояние – подлая штука. Мы встречались все реже, но в каждый мой приезд в Москву обязательно виделись. Ты сдавал отцовскую квартиру в писательском доме и снимал где-то. Я приезжал к тебе то на «Аэропорт», то куда-то на Песчаные, то в Беляево. Приходила Оля, увешанная сумками с продуктами, готовила, кормила. Твой добрый ангел. У меня все было сложно, а твоя Оля казалась идеалом жены писателя. Может, так оно и было.

Оля – единственный человек, кто мог расшифровать твои каракули. Ты потом отдал свой почерк Жестовскому в «Царстве Агамемнона». Она переписывала твои тексты, вычитывала верстку. Она вела всю твою переписку – ты же вообще не знал, с какого бока подойти к компьютеру. Ты мог лишь выстукивать двумя пальцами на пишущей машинке. Ты вообще любил писать от руки, говорил: «Бумага теплая». Помню твои тексты – ты никогда не останавливался, правил машинопись, исчеркивал все страницы между строк и на полях, потом Оля снова все перепечатывала – и так по многу раз.

Представляю себе, как ей было с тобой трудно. Оля была всю жизнь в твоей тени, но она примерила на себя эту тень, как судьбу. Она сама и была твоей счастливой судьбой. Без этого удивительного человека не было бы твоих романов, вообще ничего бы в твоей жизни не было. Ты сам про это говорил.

Однажды я приехал летом, в разгар чемпионата Европы по футболу. Оля, как всегда, накрыла роскошный стол с малосольными огурцами, маринованными грибками, помидорами с кинзой, картошкой в укропе, ледяной водкой из морозилки. Датчане проиграли, но ты помнишь, какой роскошный гол забил Лаудруп! Потом мы пошли гулять и ты, веселый от водки, рассказывал байки, которые слышал от отца, про то, как на Ямале в пургу он замерзает в тундре под снегом и его спасает друг, случайно споткнувшись о снежный холмик, или как в войну твой отец врывается первым в немецкий город и освобождает публичный дом, или как пьяный забредает на минное поле и спит на мине, как на подушке. Эти рассказы не были небылицами Мюнхгаузена. Это просто другая правда.

Одна история была про чуму. В 1938 году твой отец-орденоносец, спецкор «Известий», приходит брать интервью на квартиру к Абраму Берлину, знаменитому ученому, который хочет создать вакцину от чумы и испытывает ее на себе. Корреспонденту показывают пробирку с чумными блохами. Пробирку отец случайно открывает, одна блоха пропадает. Многомиллионному городу грозит смертельная эпидемия. Отец звонит в газету, получает указание закрыть наглухо все окна и двери. В течение недели – инкубационный период – отца и Берлина караулят чекисты. Еду им просовывают в щель для почты. Неделю они ждут смерти. Конец истории оптимистический – все живы, а Берлин создает вакцину, которая спасает жизнь многим миллионам людей.

Один клик в интернете – и из небытия восстает совсем другой Берлин и совсем другая история. Вакцину от чумы открыли давно до Берлина, а в Саратове в засекреченном институте он трудился над разработкой бактериологического оружия. Опыты проводились над заключенными. В 1939 году он приехал на совещание в Москву, и у него открылись все симптомы чумы. Для предотвращения эпидемии было задействовано НКВД. Все контактировавшие с Берлиным были срочно изолированы в больнице на Соколиной Горе. Чтобы избежать паники, произносить слово «чума» было запрещено. Меры пресечения маскировались под аресты, которые ни у кого не вызывали никаких вопросов. Погибли от чумы три человека, в том числе Абрам Берлин. Вот такая история. Taste the difference.

Мне кажется, без понимания твоего отношения к отцу, к твоим предкам невозможно по-настоящему понять твои романы.

Как всякий ребенок, ты хотел самой обыкновенной семьи – с бабушками и дедушками, но самое обыкновенное было убито эпохой. Ты был единственным ребенком, а твоих дедушку и бабушку расстреляли задолго до твоего рождения. Еще один дед умер в тюрьме, а единственная бабушка, которую ты знал, пять лет отсидела в лагере для жен изменников родины.

Даже имя – свидетель страха. Шера Нюренберг, чтобы выжить, должен был стать Александром Шаровым. Твой отец сменил имя после ареста родителей.

Мне кажется, твоя зацикленность на идее «воскрешения отцов» во многом идет из детского желания воскресить своих деда и бабушку, из нерационального чувства вины перед ними, недожившими до старости и внука, ведь так хотелось, чтобы все умирали, как положено природой или Богом, в своих постелях, а не от пули в затылок.

Невозможно представить себе, что творилось в душе твоего отца, у которого родителей только что казнили, а он должен был летать от газеты в полярные командировки и восторженно описывать арктические достижения палачей. Его отец – Израиль Нюренберг погиб в ГУЛАГе, мать – Фани Липец расстреляли в 1938. Они были профессиональные революционеры, бундовцы, примкнувшие потом к большевикам. Молодые образованные евреи хотели вырваться из бесконечной цепи местечковых толкователей Торы. Им казалось, что Интернационал упразднил религию их предков, что они сами своими руками могут построить рай на земле. Твои бабушка и дедушка были убиты той властью, за которую они сражались. Все твои романы – попытка ответить на вопрос, почему твои деды и бабки строили рай, а построили ад, почему так получилось, что Россия не стала новой Землей Обетованной, а вернулась в рабство – в Египет.

И на фронт твой отец пошел в июне сорок первого добровольцем. Сколько поколений подцепили все за тот же крючок: Родина-мать зовет! Отечество в опасности! Им казалось, что они защищают отечество, а получалось, что они защищали свое рабство и несли его остальному миру.

Когда после войны начались гонения на «космополитов», разоблачения псевдонимов, стали исчезать ближайшие друзья, твой отец писал агитки под видом научпопа о борьбе американской и советской науки, вроде книги «Жизнь побеждает!» про микробиологов: «Фашистская "наука" бесконечно слабее передовой, прогрессивной науки. Вся история человечества подтверждает сталинские слова о том, что "великая энергия рождается лишь для великой цели". Умирающий класс может только уродовать, искажать то, что на благо человечества создали настоящие ученые» и т. д. и т. п. Твой отец должен был славословить убийц родителей и друзей. Он вынужден был это делать, чтобы выжить, чтобы появился ты. Выдумки Шекспира кажутся по сравнению с этой трагедией детским лепетом. Без понимания этого невозможно понимание твоих романов. В этой трагедии твоей семьи отразились миллионы семейных трагедий всего народа, всей страны.

Александр Шаров ушел потом в детскую литературу, там еще можно было дышать. Твой отец – тоже бегун, а фантастика и сказки – его корабль.

В 1958-м он получил квартиру в писательском кооперативе у «Аэропорта». В то время возвращались люди из лагерей, и многие друзья отца приходили в гости, некоторые просто жили у вас. Они рассказывали то, что видели, через что прошли, а ты все это слушал, ребенком, отроком. Эти люди и стали твоими университетами, живой частью истории страны и времени.

Ты говорил, что самое больное для тебя было то, что люди исчезали и их сразу окружало молчание, будто их никогда и не было. Это молчание было самым страшным. Твои родные, как и миллионы других уничтоженных, уходили в небытие, окруженные молчанием, ничего после себя не оставив. И тебе было важно вернуть им место в истории, понять и восстановить их представления о жизни, о мире, в котором они жили, их понимание добра и зла. Ты всю жизнь писал не о том, как понимаешь Россию и все, что происходило с ней, а о том, как, по твоим представлениям, страна и люди понимали себя.

Ты примеряешь на себя чью-то память. Так легко все на свете теряется, особенно люди. От последнего века уцелели лишь ошметки. Ты возвращаешь всем потерявшимся в складках истории их память, их голос, их надежду, их веру.

Твоим героям чрезвычайно важно знать как можно больше о своих предках, давших им жизнь. Эта потребность у них от тебя – это тебе было важно знать все о своих родителях, об их отцах и матерях, дедах и бабках, родных свидетелях ушедшего времени. Ты это называл «теплой» историей. Не той, что из учебников, а живой, согретой дыханием близких людей, их радостями и печалями. В истории страны, мира тебе важна была именно история семьи, рода. В «Воскрешении Лазаря» ты написал: «Целая жизнь – это жизнь рода, иначе трудно понять, что и для чего, есть ли во всем смысл. Жизнь одного человека чересчур коротка. Маленькие таблички с именами, что мы подвешиваем к ветвям родословного дерева, – те же листья, каждой осенью они опадают, а следующей весной проклевываются другие листья, другое их поколение, дерево же живет и живет».

Ты говорил, что одна человеческая жизнь очень коротка и стремительна, чтобы понять много важных вещей, а когда всё разворачивается на протяжении жизни многих поколений, тогда многое становится понятным. Смысл нашей жизни раскрывается в судьбе наших потомков, подобно тому, как мы своей жизнью придаем смысл существованию родителей и дедов наших.

В одном твоем интервью я нашел, как ты сказал очень важные для тебя вещи: «Мне не близки никакие организации и не слишком близки отношения учителя и ученика, хотя я понимаю, что в последних глубокая любовь, нежность, искренность тоже не редкость. И все-таки семья – другое дело. Семья – это территория, где тебя не торопят и не ждут, чтобы ты шел в одну сторону и не менял направление. Это нормально, что ты всегда меняешься, и семье интересно и важно, как ты меняешься. «Учения», «мироспасительные системы» – штука куда более жесткая. Думаю, именно по этой причине многие из них почитают семью за врага. У нас в стране семья была мелкобуржуазным пережитком и власть ждала, что скоро она отомрет. Если тогда что-то и противостояло злу, то только семья».

Ты сам был счастливым отцом. Помню, как ты всегда рассказывал о детях, радовался их успехам, с какой гордостью говорил о первых публикациях дочки. На тебе лица не было, когда рассказывал, как напали на улице на твоего сына.

Ты был вместе с отцом до самого его ухода. Когда он осмелился на поступок – подписал письмо в защиту Солженицына – наказание последовало незамедлительно: его книги, уже готовые к печати, запретили, набор рассыпали. Последние годы он писал в стол без какой-либо надежды. Ты рассказывал, как ему было тяжело, какие это были для него мрачные годы, как он пил. И как он был счастлив писать, наконец, честную, свободную книгу – без страха, без оглядки на цензуру.

Ты много рассказывал мне об отце, говорил, что всем ему обязан, что именно он оказал на тебя как на писателя огромное влияние, что он целиком тебя сформировал, что ты вырабатывал себя, споря с ним. Он учил тебя, что добра с кулаками не бывает, если с кулаками, то это уже не добро. Ты видел, как он отчаянно переживал из-за того, что его корежила цензура, что он не мог писать так, как хотел. И для тебя литература была совершенно немыслима как профессия, он всей своей жизнью научил тебя писать исключительно для себя, свободно. И ты начал писать, понимая, что читателем твоим мог быть только КГБ. Отсюда все эти странные чекисты твоих романов, которым важно каждое написанное твоими героями, то есть тобою, слово, каждая запятая. Ты писал для чекистов, которые рано или поздно придут за твоими текстами и за тобой. И не их вина, что страна сделала очередное сальто-мортале и им стало на какое-то время не до тебя.

Даже после смерти отца ты вел с ним непрекращающийся разговор и это было больше, чем диалог, это было сотворчество. Идею для твоего, наверно, лучшего романа «Возвращение в Египет» тебе отец подсказал оттуда. Ты говорил об этом в одном интервью: «Я перечитывал собрание сочинений Гоголя и обнаружил на полях комментарии моего отца. Что написано, разобрать не сумел, но пометы были сделаны в тех же местах, на которых останавливался я сам. Пройти мимо таких вещей трудно».

Твой отец был сказочником, публиковал грустные мудрые сказки, но, мне кажется, ты вырос не на них, а именно на его неподцензурных разухабистых байках, полных другой правды о жизни и времени. Все они – о человеческом тепле и вере в чудо. Смысл был не в соответствии с внешней реальностью, а с сутью мироздания. Именно так живет твоя проза. Врач – для спасения людей, а не для убийства. Власть, полиция, тайные службы – для того, чтобы беречь нас. Мы идем в Землю Обетованную, а не возвращаемся в Египет. Суть мироздания – в любви и в вере в чудо.

Наверно, ты любил рассказывать отцовские байки, потому что так ты удерживал отца, не давал ему уйти.

Наверно, и я для этого говорю сейчас с тобой – чтобы удержать хоть ненадолго, не дать тебе сразу уйти.

* * *

Мы могли подолгу не видеться, но разговор наш никогда не прерывался. Outlook – хранитель времени и слов.

Тебе о перечитанных «Репетициях»:

«Я был совершенно оглушен, смят, завернут в твой текст – и продолжалось так несколько дней, пока не перечитал все. Невозможно было оторваться, хотя отрываться приходилось постоянно – заели всякие дела, к тому же мы переезжаем и т. д. и т. п.

Не знаю, обрадуешься ли ты тому, что я сейчас скажу, или огорчишься, но «Репетиции» – это, на мой, разумеется, взгляд, самый «шаровский» текст из всего, что я у тебя читал. Реальность абсурда завораживает. Я подчиняюсь твоей мощи абсолютно, просто перестаю существовать и из читателя в позе «ну что такого нового может мне тут какой-то еще автор навесить на уши» становлюсь совершенно буквально частью бесконечного круга, по которому ходят твои евреи, христиане и римляне. Замыкаю разорванный тобой круг. Они идут дальше по мне.

В этом романе совершенно нет «нешаровских» кусков. Все идет с постоянным напряжением и, честно говоря, – возвращаясь к нашему разговору у тебя на кухне – ты обрываешь действие, чтобы перескочить, например, через пару веков и снова его продолжить с потрясающими деталями – в общем-то произвольно. Эти перерывы совершенно не вытекают из потребностей текста. Иногда создается впечатление, что ты мог бы (и должен был бы) рассказывать дальше, но вдруг ты думаешь о том, что уже написал 300 страниц и где-то нужно сокращать, закругляться – в расчете на «общепринятый» объем романа. Такой текст должен, по мне, длиться столько, сколько длится, пусть 800 страниц, пусть 1000.

Из-за того, что ты обрезаешь (извини за невольный каламбур, не хотел) своих героев в одном романе, они – их энергия, их жизненное поле – прорываются, прорастают в других романах, хотя по сути это те же сгустки жизни, которым ты не дал выжить всех себя в предыдущих текстах. Отсюда ощущение, что герои последующих романов идут по тем же кругам, по которым шли предыдущие.

У меня, к сожалению, не получается внятно выразить то, что пришло в голову, но, может, оно и к лучшему. Сам пишущий всегда – читатель-урод. Начинает сразу думать, как можно что-то улучшить, а как бы сделал он (я). Не обращай внимания. Удовольствие от твоего текста – фантастическое».

Ты мне после окончания «Воскрешения Лазаря»:

«Таких сложных вещей, и по тому, как мне работалось, и по другим обстоятельствам, у меня в жизни еще не было. Получилось или нет, я и сам толком не знаю, а ты из тех единичных людей, которых я и имею в виду, когда пишу. Мама моя любила цитировать Маяковского: «Я хочу быть понят родной страной, а не буду понят, так что ж. Над родной страной я пройду стороной, как проходит косой дождь». Со страной у меня все в порядке – понят ею я точно не буду, а ты, может, что-то и найдешь в «Лазаре» интересного. Ты, кстати, замечательно меня выучил: я запомнил твои переговоры со «Знаменем» по поводу «Взятия Измаила» и, когда они заикнулись про сокращения, твердо заявил, что вещь снимаю – и все уладилось».

Тебе о «Возвращении в Египет»:

«Очень интересно ты говорил про то, как ты раскладывал и тасовал письма. Что-то такое чувствуется в тексте – необязательность именно такого расклада. Но идеи из разных обрывков сами схватываются с соседями и начинают «спариваться». Были бы другие соседи – началось бы спаривание с ними. Но именно в этом, я считаю, сила твоего текста. Ты, наконец-то, освободился от того, что нужно писать «прозу», то есть соответствовать каким-то представлениям и ожиданиям. В этом тексте ты отказался от «литературы», то есть от всех этих игр по кем-то когда-то придуманным правилам в фабулу и т. д., и оставил только себя в чистом виде – свою прямую речь, излагая твои идеи – и получился гениальный роман.

Корреспондентов Коли могло бы быть в два раза меньше или в два раза больше – не имеет значения, потому что они все равно все говорят твоим языком с твоей интонацией. Герой «Возвращения» все равно межстрочье – все, что у всех русских писателей, философов и историков между строк. Ты этому ощущаемому, но невысказанному дал голос.

Твой Гоголь, твой Чичиков-старовер, все твои бегуны, корабли, козлы отпущения, сети, все истории и образы – все мощно и неодолимо».

Ты о «Возвращении в Египет». 14-й год. Вокруг смердел крымнаш.

«Дорогой Миша!

Я очень-очень тронут и очень благодарен. Посреди всего этого блядства, когда ни о чем невозможно думать, все встало – вдруг какой-то просвет.

Мне всегда казалось, что мы с тобой идем по жизни как бы на пару. Во всяком случае, когда я работаю, кроме тебя, ни с кем другим я не хочу это обсудить, показать, что уже сделано. Я всегда в диалоге с тобой, и его основа, как мне кажется, согласие в самых важных и несущих вещах.

С «Египтом» у меня связаны два обычно плохо сочетаемых ощущения. Я, особенно, когда стал виден конец, стал бояться, что все это вызовет только неприятие и раздражение: XIX век слишком канонизирован, чтобы мне это просто так спустили. А с другой стороны, разбивка, дробь текста дала и мне, и «Египту» много воздуха, от того работалось на удивление легко. Настоящие проблемы начались, только когда пришло время решать, какое письмо за каким пойдет.

Я, честно говоря, на этот счет особо не мандражировал, считал, что обычная человеческая хронология сама все выстроит. Но потом понял, что «Мертвые души» должны быть где-то ближе к середине, а не к концу «Египта», что они не вывод, а основа для других писем. И все сразу посыпалось. Не знаю, может быть, компьютер мне бы тут и помог, а так я три месяца в общем и целом в истерике тасовал и тасовал письма. (Взял 10 томов Исторической энциклопедии, разложил их между ее страницами и, уже мало что понимая, перебрасывал с места на место. Искал то, что должно стоять рядом, предшествовать или идти за)».

* * *

Вспоминаю наши встречи, как острова, разбросанные по жизни.

В 98-м я организовал для тебя поездку с выступлениями по Швейцарии. Тебя не знали, приходилось всем объяснять. Деньги на билеты собрало Общество имени Карамзина. Собственно, я это общество и основал. Общество состояло, кроме меня, из нескольких моих знакомых швейцарцев, интересующихся Россией и ее культурой. Они резонно спрашивали, почему именно Шаров, о котором они ничего не слышали? Почему бы не пригласить других, известных авторов? Я отвечал, что через сто лет другие известные авторы сделаются лишь современниками Шарова. Может, они восприняли мой ответ за шутку, решив, что мне просто важно пригласить друга, не знаю. Мне действительно важно было пригласить друга. И вот даже не пришлось ждать сто лет. Уже сейчас мы все становимся твоими современниками.

Ты жил тогда у меня в Цюрихе, в нашей квартире на Wehntalerstrasse. Этого уютного довоенного дома уже больше нет, снесли, построили на его месте что-то бетонное, серое, чужое.

Вижу, как сейчас, тебя за завтраком: в белой мятой футболке, с крошками хлеба в перепутанной бороде, веселого, утреннего. В быту, в повседневном общении ты был очень легким, с тобой все было просто, радостно, захватывающе. Вот ты намазываешь круассан джемом и говоришь о том, что воспринимаешь Библию именно буквально. Это ты отвечаешь на мои возражения, что создание мира, и человека, и всего остального – все-таки метафора.

Для тебя мир был написанной Богом книгой. Бог – автор всех живущих и неживых, это все его дети. Ты говорил, что в русской истории все замешено на вере, что Библия и сейчас так же жива, как была, когда ее писали. Для тебя народы, живущие в «библиосфере», иудеи, христиане, мусульмане всей своей жизнью, каждым своим шагом, каждым «да» и каждым «нет» комментируют Священное Писание. Ты же просто эти комментарии записывал. Русская катастрофа, революция, ГУЛАГ были для тебя такими кровавыми комментариями к откровению Господа. Да и само это откровение человеческому роду растянулось на много десятков и даже сотен поколений, потому что откровение – это дорога, это путь. Движение соков от корней к веткам по дереву рода, от деда к отцу, от отца к сыну – это путь понимания, путь изгнания из Рая, путь возвращения в него, и всё это разворачивается на протяжении многих веков. Библейский Исход из Египта – это тоже дело не одного поколения.

В понимании этого откровения для тебя и заключался смысл занятия историей, литературой, культурой. Культура для тебя была прежде всего накоплением памяти, опыта многих поколений, а главной трагедией – утрата этого опыта в России XX века, отсутствие памяти, забвение.

Наша история представлялась тебе не Книгой Бытия, а книгой комментариев к Бытию. Ты считал, что вся русская культура – это комментарий к Священному писанию, и жизнь каждого отдельного человека тоже: после того как Москва стала Третьим Римом, русский народ стал считать себя новым избранным народом Божьим, а свою землю – новой Землей Обетованной, мы приняли всю библейскую историю, взвалили на себя. Поэтому и революция, и гражданская война были восприняты как финальная схватка добра и зла, и коммунизм был соотнесен с Небесным Иерусалимом. Твой Федоров дает новый комментарий к Евангелиям Христа, твои большевики – к Федорову.

И свою жизнь, и жизнь каждого человека ты воспринимал так же. Хаотичные, не связанные между собой вещи с течением времени сами собой соединяются, становятся друг для друга чем-то вроде комментариев и толкований, и вдруг в какой-то момент все связывается воедино, придает смысл самой жизни, в которой, как выясняется, случайного не так уж много. Наше бытие не простое повторение, не репетиции библейских сюжетов, а комментарий, попытка понимания и собственной жизни, и жизни тех, кто нам предшествовал. Мы репетируем будущее.

Ты все свои мысли отдавал своим героям. В «Воскрешении Лазаря» Николай Кульбарсов говорит: «Мы от рождения до смерти только и делаем, что своей жизнью, своей судьбой Библию комментируем». И твои романы – это вовсе не проза, это толкование Божьего мира. При этом тебе было важно, что это не ты даешь комментарии, ты только их записываешь, а дают их само наше понимание жизни, судьбы, предназначения.

Запомнилось, как ты говорил про буквальность Божьего мира, а я вдруг очень остро почувствовал, как сквозь тебя проступили твои предки, которые столетиями и тысячелетиями вчитывались в Тору, пытались понять скрытый священный смысл каждого написанного в ней слова. Твои дед и бабка отреклись от веры своего рода, поверив в коммунизм, их ветки обрезали, а тобою дерево прирастало дальше.

Твои слова: «Огромная часть Библии – генеалогия: кто кого родил, и кто от кого пошел, и кто почему что совершил. И для меня это важно – и очень ярко. Для меня важнейшая идея – идея рода». Ты говорил, что раньше разговор людей с их предками был для них важнее, чем с современниками. Род соединял времена и пронизывал живую историю. Мне кажется, все творчество твое – бесконечный разговор с отцом о Книге и о жизни, прорастающей сквозь буквы.

Ты ни к какой конфессии не принадлежал, не соблюдал никаких обрядов, правил. Во всяком случае, никакая церковь тебя бы не приняла. Ты просто радовался разнообразию Божьего мира. Вот длинная цитата из «Воскрешения Лазаря», но в ней – весь ты: «Как известно, Господь, чтобы не дать людям достроить башню, смешал языки. Принято считать – так можно понять и Библию – что тем самым род человеческий был тяжко наказан, я же убежден, что для человека это было благодеянием. В чем оно? Созданный Богом мир был куда сложнее и прекраснее, чем понимал его человек. И вот Бог смешал языки, люди перестали понимать друг друга, рассорились и разошлись в разные стороны; на следующее утро злые, мрачные, они встали и вдруг увидели землю сквозь слова десятков наречий. Мир был тот же, что и вчера, тот же Божий мир, но увиден он был заново и впервые, все как бы сделалось выпукло, приобрело цвет, фактуру, объем. Любой переводчик тебе скажет, что сколь он ни мастеровит, добросовестен, перевести книгу, что называется, один в один – невозможно, и это из-за нутряных особенностей языка. Слово само себе не равно, текст будто живой, играет с тобой, беспрерывно движется, пульсирует, и главное, он ведь всегда комментарий, всегда твое собственное понимание того, что хотел сказать нам Господь».

Для тебя каждый человек был создан Творцом по своему образу и подобию – это значит, творцом. Мы созданы полноправными творцами, творим добро и зло, можем сотворить рай на земле, но творим чудовищные преступления снова и снова.

Сейчас я задал бы тебе вопрос, на который тогда не решился: веришь ли ты в Бога и в воскрешение?

Теперь ты знаешь об этом обо всем больше, чем мы тут.

* * *

Я возил тебя тогда на выступления в Цюрихе, Базеле, Женеве.

В Лозанне мы заехали в издательство L'Age d'Homme. Владимир Димитриевич – легендарный издатель. Юношей он посидел в тюрьме у Тито, потом бежал на Запад. Работал продавцом в книжном магазине в Лозанне и мечтал о своем издательском доме. Эта мечта осуществилась в 1966 году, когда он открыл L'Age d'Homme. Он издавал книги восточно-европейских авторов во французских переводах. Потом стал издавать по-русски советский самиздат. Именно здесь вышли впервые «Жизнь и судьба» Гроссмана, книги Войновича, Зиновьева. Когда перемены в России сделали это возможным, Димитриевич открыл филиал своего издательства в Москве, переиначив название на русский лад – «Наш дом». Именно там стали выходить твои романы книгами, до этого они публиковались только в журналах. Ты надеялся, что L'Age d'Homme выпустит и французские переводы.

А еще «Наш дом» издал твои стихи, которые ты мне тогда и привез – изящную книжицу, которую хочется приласкать. На авантитуле твой портрет, сделанный пером Татьяной Чугуновой, которая была и главным редактором издательства. На нем ты очень уставший и глаза закрыты. Мне кажется, художник смог заглянуть в тебя глубже, куда ты никого не пускал.

Двухэтажный особняк издательства был битком набит книгами, даже узкий коридор был заставлен стеллажами от пола до потолка. Нам навстречу бросился сам Димитриевич, пронзительно седой, взлохмаченный, неухоженный, суетливый, с простуженным птичьим носом. В его кабинете все тоже было завалено книгами, на столе стопки рукописей, папок. Он расспрашивал про «Наш дом», про книжный рынок в России, жаловался, как все труднее приходится издателям. Говорил, что очень хотел бы выпустить твои книги в переводе.

Тебя по-французски он так и не издал. Не знаю, почему у вас ничего с ним не получилось. Зато он познакомил тебя с прекрасным переводчиком – Поль Лекень (Paul Lequesne) стал потом твоим французским голосом и перевел «Репетиции» и другие романы.

Для Димитриевича год спустя после нашей встречи наступил самый тяжелый период его жизни. Когда начались бомбардировки Сербии, он активно вступился за свою родину и против него во Франции объявили настоящую травлю. Его клеймили как сербского фашиста, книги его издательства бойкотировали. Закончилась жизнь Димитриевича трагически. В 2011 году 77-летний издатель вез, как делал это всю жизнь, книги на своем грузовичке из Лозанны в Париж и погиб в автокатастрофе.

В Женеве ты выступал в университете на Русском кружке у Жоржа Нива. До выступления, по установленному ритуалу, был ресторан. Жорж был элегантен, вальяжен, изящен и в жестах, и в своем безупречном русском. Сколько я с ним позже ни встречался, всегда казалось, будто он только что вышел из парикмахерской. Моя бабушка сказала бы: как новый двугривенный. Полная противоположность Димитриевичу, хотя, кажется, они были давними друзьями.

Женевский ресторан был изыскан, под стать Жоржу. Мне всегда казалось, что в ресторанах ты чувствовал себя не очень уютно, ты сам признавался, что любишь кухни намного сильнее. Московские кухни нашей юности.

Знаменитый профессор, живой кусок истории русской литературы, непосредственный участник жизненной драмы Пастернака, долго и с удовольствием переводил названия блюд в бесконечном меню и объяснял особенности их приготовления. Мне даже сперва показалось, что разговор о еде интересует француза больше, чем русская литература. Но надо отдать ему должное – Нива был тогда одним из немногих западных славистов, которые понимали, о каком уровне писателя идет речь. Он говорил о твоих книгах с восхищением, но и с легкой иронией, вспоминая самые фантасмагорические эпизоды, которые, вырванные из контекста, звучали действительно нелепо. Жорж отбирал книги для программы издательства Fayard, и была надежда, что он предложит твои романы для перевода.

Мне запомнилось, как Жорж на минуту вышел из-за стола, а ты сидел какое-то время молча, глядя перед собой в тарелку, и вдруг сказал с горечью: «Чувствую себя, как проститутка, которая хочет, чтобы ее купили».

Очень хорошо понимаю, о чем ты. Ко всем писательским унижениям нам, русским, добавлены еще и слависты. Мало того, что мы заложники издателей, переводчиков, мы зависим еще от славистов, которые должны объяснять издателям, кого печатать из русских, а кого нет. И достаточно, чтобы пару раз переводы принесли одни убытки, издатель этому слависту уже не поверит. Сам посуди, какие барыши могли принести твои книги? Впрочем, не знаю. Не наше это дело.

Жорж тебя в программу Fayard так и не включил. Твой первый французский перевод вышел потом в переводе Поля Лекеня в издательстве Actes Sud. Это были «Репетиции». Помню, с какой радостью ты потом показывал мне эту книгу.

На Русском кружке ты читал длинный отрывок из романа «Мне ли не пожалеть», как всегда – с интонацией бесконечного кружения. Студенты-слависты слушали прилежно, но их глаза быстро делались оловянными. Русская публика недоуменно переглядывалась, однако вела себя прилично.

Сколько раз слушал, как ты читаешь свою прозу, и каждый раз поражался, что в обычном разговоре тебя всегда будто кто-то взбрызгивает живой водицей, а при чтении – мертвой. Пока вдруг не понял, что этот монотонный головокружительный бубнеж – танец суфийских дервишей! Там – самозабвенное вращение, здесь вдохновенное бормотание. Попеременно ты поднимаешь, совсем как они, то правую руку, чтобы получить благословение неба, то левую, чтобы передать благословение земле. После часа вращения дервиши входят в транс, твои слушатели тоже, и им уже кажется, что весь мир вращается вокруг них.

Потом тебя спрашивали про Ельцина и Чечню, а ты, путаясь в бахроме бесконечных «значит», говорил о раскольниках, духоборах, скопцах.

На вопрос Жоржа, читал ли кто-нибудь до этого Шарова, поднялась одна рука.

— Я читал все романы Владимира!

Молодой человек оказался вовсе не филологом, а экономистом из Женевы, где он работал в большой международной компании. Это было начало моей большой с ним дружбы. Любовь к твоим книгам — верный индикатор, что люди будут интересны друг другу. Вот видишь, твое имя было паролем посвященных.

* * *

Вот еще островок. Не по хронологии, а как вспомнилось.

Книжная ярмарка в Париже. 2005-й год. Приглашена огромная делегация русских писателей. Денег Агентство по делам печати не жалеет, всех селят в респектабельный отель «Бедфорд» на rue de l'Arcade недалеко от Мадлен. На книжном салоне Россия старалась не ударить лицом в грязь, кучу денег потратили на огромный размашистый стенд в русском стиле, на оформление буклетов для каждого автора.

В Париж как раз в это время приехал российский президент, и каждый писатель нашел в своем номере на столе тисненое золотом приглашение от Путина и Ширака в Елисейский дворец. Даже не момент, а моментик истины. Ни мне, ни тебе и в голову не пришло отправиться туда — как раз освободилось время для прогулки по городу.

Я стоял в фойе и ждал тебя. Через стеклянные двери отеля было видно, как русская делегация садится в автобус ехать на президентский прием. Прозрачные створки бесшумно разъезжались, когда кто-то подходил. Автобус уже тронулся, но вдруг резко остановился. Из него выскочил один известный писатель, бывший диссидент, и помчался в номер за забытым паспортом. К президентам нельзя опаздывать, и автобус, не дожидаясь, отъехал. Через минуту писатель выскочил из лифта и бросился к выходу. Стеклянные двери не успели разъехаться. Все, кто был в холле, оглянулись на хлесткий шмяк. С окровавленной физиономией и высоко поднятым паспортом русский писатель помчался вдогонку за автобусом. К дверям прибежал консьерж с рулоном бумажных полотенец. Кровь размазывалась по стеклу.

Как чудесно было слоняться с тобой по Парижу, до краев наполненному солнцем и весной! На Place de la Concorde я попросил какого-то японца снять нас на мою мыльницу. Он фотографировал и все время кланялся, гыкая. Ты еще рыжий, я уже седой.

Ты вспомнил отца, который мечтал о Париже, но так и не побывал здесь. Ты теперь бродил по улицам и набережным за него.

Говорили, конечно, о России. Спорили. Мне, наивному, казалось, что страна, пусть и медленно, но движется вперед, развивается, возвращается в цивилизованный мир. Государство стало поворачиваться к культуре лицом. Появились организации, как Norla в Норвегии или Pro Helvetia в Швейцарии, цель которых – продвигать своих писателей, художников, музыкантов, поддерживать их. Стали выделять гранты на переводы русских авторов, приглашать их на международные книжные ярмарки. Это же были живые доказательства, что государство в России менялось на глазах, из машины подавления личности превращалось в государство для человека. И вообще с каждым приездом усиливалось ощущение, что Россия понемногу умывалась, из страны рабов, господ и голубых мундиров делалась страной людей. Тогда, в середине нулевых, создавалось впечатление, что Москва медленно, но верно становится одной из европейских столиц. Я так радовался за мою страну!

Мне бросалось в глаза внешнее. Ты видел невидимое, настоящее. Ты знал историю, а значит, будущее. Ты говорил, что будет война, причем война с Украиной, что скорее всего рванет Крым. Мне это казалось бредом. А ты объяснял про точку схода двух христианств, католического и православного, что именно там, где сходятся братья по славянской крови и братья по христианской вере, всегда враждовали ожесточеннее, убивали друг друга безжалостнее. В доказательство приводил еще и Гоголя, уверявшего, что на земле нет места, где бы нечистой силе было бы лучше и вольготнее, чем там. Ты говорил про биологический закон: чем ближе – тем острее соперничество. Когда люди, культуры так схожи, им трудно объяснить, что на самом деле они разные. И тогда их начинает разделять ненависть.

Ты все видел и понимал уже тогда – и про вставание с колен, и про русскую духовность. Для тебя все, что происходило в нашей стране, было лишь очередным кругом «репетиций». Я зачем-то спорил с тобой. Ты со мной – нет. Для тебя мои надежды были лишь одной из тысяч вер, которые делают нашу жизнь стоящей. Для тебя было самым важным, чтобы люди воспринимали мир не простым, а сложным.

Мир представлялся тебе битком набитым нескончаемым количеством правд, убеждений, вер, которые люди готовы отстаивать, часто ценой своей жизни. И многие, если не все, эти веры – несомненно истинны. Люди так ищут Бога, и каждый нащупывает свой путь к нему, и этих путей столько же, сколько родится людей на земле. Люди только неспособны осознать, что эти веры направлены не друг против друга, не сталкиваются лоб в лоб, потому что они обращены не к «неверным», а к Богу.

Для тебя было очевидно, что сама идея простоты и однозначности мира – здесь мы, а там иноверцы – рождена властью. И она – ложь. Это и было твое понимание мира: мудрость терпимости. На земле может найтись место всем правдам.

Ты считал, что все большие слова – упрощения, поэтому они ложны. История полна повторяющихся попыток человека упростить мир, в котором он живет. Беда людей в том, что они убеждены: главное – не познание, а спасение. И чем меньше на этом пути будет лишних вопросов, сомнений, уверены они, тем лучше. Для большинства мир чересчур, неоправданно сложен.

Мне запомнилось, как ты сказал в Париже на своем выступлении, что мы сотворены, чтобы однажды стать достойными Его собеседниками, а для этого необходимо осознать бесконечную сложность мироздания, невозможность в нем любых простых прямолинейных решений. Простые решения ради кажущегося спасения одних легко ведут к действительной гибели других. Жизнь коротка и поэтому люди, чтобы разобраться в ней, отделить добро от зла и выбрать добро, всегда торопились. И все их попытки спасения кончались потоками крови. А главное, русла для этой крови пересыхают, но остаются ждать. И рано или поздно эти ждущие крови русла наполняются новыми реками. «Репетиции» продолжаются, и им не видно конца.

Ты видел выход из этого круга только в семье, в малом, «теплом» мире, в строительстве не светлого будущего, требующего жертв, а того самого обсмеянного Достоевским домика с аистом на крыше, в том, чтобы научиться быть самим собой, а не участником массовых бесконечных «репетиций». Ты умел здорово сформулировать: «Самое хорошее, что в нас есть, связано с нашей непохожестью друг на друга, а не с нашей способностью сбиваться в стаи». Еще: «Добро очень зависит от расстояния. Обращенное к близким людям, оно тысячекратно больше, чем обращенное на все человечество. Просто надо привести в некоторый порядок свой мир. Заниматься шестью дачными сотками, а не бескрайними, бесконечными просторами».

Вера в великие слова, в богоизбранность приводит к сакральному праву на насилие. Отказ от малого мира семьи ради вселенной великих идей ведет след в след к бесконечному кружению по уже пройденным трагедиям. Следующий русский кровавый циклон запрограммирован.

Оптимизма в тебе не было никакого. Ты за всем происходящим в стране пристально следил, остро чувствовал все невидимые изменения. Помнишь, мы сидим в каком-то уличном парижском кафе, где стулья расставлены впритык, как в зрительном зале, а шумная улица — сцена, и на сцене показывают, как обещали, бесконечный праздник, а ты говоришь, что две трети своей жизни прожил в условиях несвободы и что все идет к тому, что и остаток дней проживешь в несвободе, и что краткость перерыва вызывает в тебе глубокую тоску, а еще больше жалко детей, и своих, и не своих. И все это задолго до Грузии, и до Крыма, и до Донбасса, и до Сирии, и до Бог знает чего мы еще не знаем.

На следующее утро в ресторане гостиницы за завтраком все обсуждали, до какой степени унижения кто из приглашенных в Елисейский дворец опустился. Один известный писатель, тоже вроде бывший диссидент, все пытался всучить президентам свои книги. Другой, уже пьяный, щелкал во время представления каблуками и кричал: A votre service! Больше всего каждого возмущало, что кто-то выплюнул жвачку на ковер и у всех прилипали подошвы. По секрету одна писательница призналась, что жвачку плюнула она, потому что ей все происходящее там было противно. От всех этих рассказов пахло немытостью.

Меня потом еще несколько раз приглашали представлять Россию на книжных ярмарках, но страна, которую я должен был представлять, на глазах становилась иллюстрацией к твоим романам. Россия эмигрировала из XXI века в средневековье. Когда я написал открытое письмо, почему не хочу ездить с официальной писательской делегацией России на книжные ярмарки, по мне проехался каток ненависти. Больше всего досталось от коллег-писателей. Твоя поддержка в те дни мне была очень важна. Ты мне очень тогда помог все это выдержать.

* * *

Самая удивительная встреча с тобой была в Америке. Два семестра я преподавал в Washington and Lee University. Университет расположился на холмах городка Лексингтон в Вирджинии. До меня там преподавала Оля, и так получилось, что мне дали ту же самую квартиру, в которой обитали вы. Я вселился в дом, в котором ты жил и творил. Было приятно, что я оказался лично знаком с genius loci.

Собственно преподавание занимало у меня лишь пару часов в день, остальное время я мог в полном одиночестве работать над романом. Мой герой участвовал в одной забытой войне: брал с русскими войсками Пекин во время Боксерского восстания, и я составил список книг, которые мне обязательно нужно было прочитать. Это мемуары и дневники русских солдат и офицеров, опубликованные в начале XX века и потом никогда не переиздававшиеся. Помню, с какой тоской я думал о том, что мне придется специально лететь в Москву и сидеть в Ленинке, взявшей псевдоним, но не сумевшей выветрить запах из туалетов. Как забыть тот крепкий настой курева и мочи, который окутывал людей, возвращавшихся в читальный зал…

Твоя Оля посоветовала поискать эти издания в Америке, и о чудо, я нашел все, что мне было нужно, в разных библиотеках по всей стране. Interlibrary loan – величайшее достижение человечества. Через пару дней почти все необходимые книги стояли стопками на моем столе, а остальные мне прислали в виде микрофиш.

Наша разница: мне для правдоподобия нужна правда, тебе достаточно воображения.

Почти каждый день я ходил гулять по берегу Maury River, по дорожке, уходившей на многие мили в вирджинские леса. И это тоже был твой каждодневный маршрут. Ты вообще не любил спешки, ты любил не идти куда-то, а прогуливаться. Ты был больше человек покоя, несуетности, созерцания. Твои слова: «Не люблю быстротечность».

Один раз я столкнулся там нос к носу с оленем. На него падало солнце, и показалось, что он держит на голове огромную зажженную люстру. Стояли и смотрели друг другу в глаза. Потом он вильнул ухом и в три прыжка исчез.

Иногда в зябкие дни от воды поднимался туман. Забавно, что из тумана от одной и той же реки, затерявшейся где-то в Аппалачах, вырастали и чекисты, что берегли воспоминания девочки Веры, и мой «Письмовник».

В Лексингтоне ты писал «Старую девочку». Я очень хорошо представлял тебя за моим столом, или как ты ходил маятником по этой комнате. Оля рассказывала, что, когда роман разгонялся и катился к завершению, ты работал запоем, почти не спал. Вставал в 4 утра или вовсе не ложился. Или вскакивал среди ночи, бросался к листу бумаги и корябал, не зажигая света, чтобы никого не разбудить.

Я как раз работал днем, а вечерами читал. Несколько одиноких пустых вечеров мне спасла машинопись «Будьте как дети», которую ты тогда как раз готовил к печати, это был 2008 год. Я восхищался лавиной фантазий из твоей головы и спотыкался о небрежность твоей руки. Когда ты несся на всех парах, мелочи тебя уже не интересовали. Про орфографию и пунктуацию я молчу. Вот отрывок из моего мейла Оле, которая помогала тебе заниматься редактурой:

«Разумеется, в романе, в котором дети идут по морю, это, может, не так важно, но, мне кажется, наоборот, именно в таком романе ценность представляет точность в реалиях.

Например, зачем Володя придумывает какого-то Стасселя, когда реальным якутским губернатором с 1856 по 1864 года был Штубендорф. Я бы поменял фамилию и убил его именно в 1864 году. Так же намного интересней!

Почему «по календарю солнце 23 июля заходит ровно в шесть часов тридцать одну минуту пополудни»?? В этом году оно зашло 23 июля в 21.52.

Как лего могло появиться до 1 мировой войны?

Какая-то путаница с детьми Дуси, то у нее двое, то один: «двух детей, тем более мальчиков, ей не поднять» – и как это она оставляет двух детей и уезжает на поиски брата на несколько лет?? Потом возвращается и от нее «успел отвыкнуть» уже один ребенок. Потом она снова с двумя детьми, на следующей странице ребенок опять один. Так сколько детей? Был ли второй мальчик? Ну и много по мелочи, например, Дуся все рассказывает отцу Николаю, но он вдруг становится отцом Григорием».

Но все это действительно пустяки. Ты создал свою, «шаровскую» прозу.

Канон учит работать резцом, как Бунин, отсекая от увиденного все лишнее. Ты – ткач. Твоя проза обволакивает.

Тебе нужен разгон. Ты не можешь дать героям сразу их полный голос. Ты всегда начинаешь с чьего-то письма, дневника, воспоминания, разминаешься на чьих-то статьях, тезисах, лекциях, если не записанных, то пересказанных, объясняешь читателю что-то про какую-то переписку, якобы найденную в Народном архиве, но это все – гипнотические пассы. Их задача заворожить. Твоя неспешная убаюкивающая интонация вводит в транс. Чтение твоей прозы – наваждение, поездка во сне с бесконечными пересадками, и в каждом купе, в зале ожидания, за столиком бутербродной каждый встречный норовит излить душу. В какой-то момент вдруг приходит понимание, что все они рассказывают одну и ту же историю, и читающий сам становится ее частью, ее телом – она прорастает в нем. Стиль, поначалу аморфный и невнятный, приобретает упругость, пружинистость.

В твоем словарном рационе нет никаких изысков, никакого десерта, лишь самое необходимое. Представляю, какую физиономию скривил бы Набоков. Ты берешь самые непритязательные слова, босые и сирые, и из этих слов-замарашек рождаются шквальные фантасмагории.

Любой школьный учитель литературы легко объяснит тебе, почему так романы не пишутся, как это делаешь ты. Твой Коля Гоголь хочет написать второй том «Мертвых душ», но у него получается только синопсис. Электра пересказывает синопсис «Агамемнона». Так все твои романы – синопсисы твоих романов. Тебе не до психологии пейзажей, штукатурки характеров или журчания диалогов, тебе важно сказать самое главное.

Во всех романах один и тот же сюжет. Сперва вводится притча, неловко, путанно. Метафора бережно держит роман в пригоршне, чтобы не расплескался. Начинаются поиски ее смысла, читатель вместе с героями отправляется в путь за спасением, за Богом. Очень скоро поиски превращаются в бешеную погоню, от которой дух захватывает. Оторваться от книги уже невозможно.

Ты вырос, как на дрожжах, на «Котловане» и «Чевенгуре», прочитанных в отрочестве. Платонов как обнял тебя тогда, так больше и не отпустил. Речь, разумеется, не о языке, а о невероятной тяге, которую создает его проза. Искренняя платоновская вера рождала силовое поле, не уступавшее по мощи ураганной вере первохристиан или русских сектантов. Эта тяга уносит и твоих героев. Эта тяга засасывает читающего в твои романы. Чем выше труба, тем сильнее тяга – твоего читателя уносит в небо.

Твоя проза – это хор, хоровая молитва. Групповая исповедь. Все твои герои только тем и занимаются, что истово исповедуются. Они не боятся смерти, им некогда, они готовятся к Страшному суду. Все остальное их не интересует. Ты – их автор, но писал только то, что они говорили, не позволяя себе никакой отсебятины.

У тебя нет диалогов, потому что диалог подразумевает особенности индивидуальной речи. Твои герои объясняются на языке всеобщего понимания, на том языке, на котором все понимали друг друга до появления языка: отец Иринарх понимает коров, француз Сертан без перевода общается с жителями сибирской деревни Мшанники.

Твоим любимым образом была каша, перемешиваемая ложкой. Так ты говорил о сталинской государственной машине, которая перемешивала народ, делала его однообразной массой. Вот так же, как кашу ложкой, ты перемешивал своих героев, перетирал комочки. Начав говорить в одном романе, любой из них мог бы, не запнувшись на запятой, продолжить на страницах другого. Рассказчики, автор, чекисты, Федоров, мадам де Сталь, бегуны, палачи, дядья-корреспонденты, доносчики, десятки голосов переходят друг в друга без шва, сливаясь в одной интонации, соединяясь в одно дыхание. Важно не кто говорит и какими словами, а лишь то, что они хотят сказать. К кому бы они ни обращались, их речь всегда обращена к Богу, на твоей планете это единственный смысл говорения. Все люди разные, но различаются только силой веры: «Чтобы никого не испугать, не оттолкнуть, Господь даже Веру каждому дает по силам».

И время в твоих романах – та самая размазанная каша – хорошо размешанное, наваристое, русское время, заваренное на крови. Там что смута, что лагерный порядок – всегда современность.

Тебе пытаются приписать какую-то «альтернативную историю». Альтернативная история – в их бесконечно меняющихся школьных учебниках, а не в твоих романах. Историческая наука в России – уже столетия инструмент сокрытия исторической правды. Значит, к истине остается идти не через «науку», а через поэзию.

После платоновского медведя-молотобойца с верным классовым чутьем и уплывающими вниз по реке плотами с обреченными кулаками – что в твоей истории «альтернативного»? «Альтернативным» был тот абсурд, в котором билась страна последние сто лет, заверяя весь мир, что мы живем в раю, и конвульсии никак не прекращаются. А что может быть фантастичнее и неправдоподобнее обожествления Сталина? Или нетленного трупа в самом центре города? Мы же выросли в действительности, где мертвый живее всех живых. Что может быть невозможнее родных людей, расстрелянных в затылок? Как жить в мире, где убитые вместе с доносами лежат в папках со штампом «Хранить вечно»? Фантасмагории твоих романов лишь тень, бросаемая самым достоверным безумием русской жизни. Разве война с Украиной не фантастичнее самого нелепого вымысла? То, что сегодня кажется невозможным бредом, завтра становится окружающей средой.

Ты себя считал реалистом. И правильно делал. И тебе ничего не надо было придумывать. Вся история России после Николая Гоголя – лихорадочная и обреченная попытка дописать сожженный, потому что невозможный второй том – «Чистилище». Про третий уже и говорить нечего.

* * *

Вечный спор о необходимости тяжелой судьбы: должен ли писатель намучиться, наголодаться, насидеться, чтобы проза его стала выстраданной и настоящей? Ты не сидел, не нуждался. Тебе была дана, по русским литературным меркам, счастливая жизнь. Какое будущее могло ожидать еврейского мальчика, появившегося на свет в роддоме Грауэрмана в замордованной стране, добиваемой делом врачей? Тебе повезло. Судьба играла с тобой в поддавки.

Детство в привилегированной московской писательской семье. Престижная школа. Не школа, а теплица. Ты как-то стал рассказывать про свою вторую математическую, и я обзавидовался. У нас все было по-обычному. В русской школе дают навыки русской жизни: не высовываться, думать строем, лгать правду, разбирать калашников. А это была советская анти-школа. Там учили для какой-то другой жизни. Тебе повезло с учителями. Ты с такой любовью говорил о словеснике и известном диссиденте Анатолии Якобсоне. Все человеческое в России — как опечатки. Их быстро исправляют корректоры. Тебе повезло попасть именно в те несколько лет «ошибки». Школа после тебя продержалась недолго, ее разгромили, директора выгнали, учителя ушли. Почти все эмигрировали. Якобсону предложили на выбор: десять лет лагерей или эмиграция в Израиль. Он выбрал эмиграцию, но что это было: трагедия или везение? В Израиле он спился и покончил с собой в сорок три года.

Он учил вас свободе, но русскому так и не научил — расставлять правильно запятые ты так и не научился.

Не бывает везения в жизни просто так. Раз повезло, значит кто-то тебя для чего-то сохранил, спас. Твои романы должны были быть написаны, искали себе автора и выбрали тебя. Может, они тебя и берегли?

От армии, этой русской l'Éducation sentimentale, тебя освободили. Не знаю, кто был твоим настоящим спасителем — свинка с менингитом в детстве или знакомый врач, но в казарме ты бы не выжил. Не могу представить тебя салабоном, терпящим побои и унижения от дедов. Повезло.

В Плехановском институте ты устроил антисоветскую акцию, организовал забастовку. По ломанию судьбы «шибко умным» юношам они мастера. Прецедентов достаточно. А твое дело замяли. Снова повезло, могло бы быть иначе.

Еще колоссальное везение – историк Александр Немировский взял тебя в свой воронежский ковчег. И опять ты успел проплыть на том корабле несколько важных лет, пока с твоим профессором не расправились. Кончилось тем, что ученого-античника сняли с заведования кафедрой истории Древнего мира и выгнали из партии «за пропаганду Древнего мира», при этом его еще объявили главой сионистского подполья города Воронежа.

Все, что нужно знать о советском образовании – твой рассказ, как в университете Воронежа сжигали книги. В библиотеке не хватало места для новых поступлений – освобождали полки для собраний сочинений Брежнева. Ректор издал приказ сжечь большую часть античной коллекции библиотеки. Дюжины инкунабул, напечатанных в венецианских, флорентийских и падуанских типографиях. Фолианты на пергаменте. Уникальные экземпляры, драгоценные для мировой культуры, но ненужные для советского вуза.

В конце концов в крепостной стране ты смог стать вольным хлебопашцем – зарабатывал деньги репетиторством. Это и была твоя «глухая провинция у моря». Ты был независим и писал свободно – в стол. В свободном мире столько авторов мечтают о том, чтобы быть свободным писателем, работать над книгой, не заботясь ни о тиражах, ни о мнении критиков, а ты всегда, с самого начала был им.

Возвращаюсь в Лексингтон. Вы с Олей говорили, что зима там теплая. Вам повезло. Дом для настоящей зимы был совершенно неприспособлен, из щелей в рамах дуло, батареи еле теплились, рефлектор не спасал. В мою зиму Вирджинию завалило снегом, стояли подмосковные холода.

Приходилось кипятить воду во всех кастрюлях, какие нашлись на кухне. Накрыв крышками, расставлял их на полу вокруг кровати. На какое-то время действительно помогало, а к утру квартиру выстуживало.

Очень хорошо помню, как одной такой кастрюльной ночью вдруг ощутил себя в концовке «До и во время». Не знаю уже, по какой цепи ассоциаций. Там у тебя старики уходят в снегопад, а Федоров и мадам де Сталь остаются в застуженном здании больницы. И что было с ними дальше ты не рассказываешь, потому что роман уже кончился. Но, как всем хорошо известно, слово «конец» ничего не говорит, а герои, уходя со сцены, не исчезают, а продолжают жить, что-то делать. Мерзнуть, например. И очень хорошо представил себе, как они не могут заснуть от холода, идут на кухню, наливают кастрюли водой, ставят на огонь, кипятят, несут в комнату, залезают в ледяную постель. А им не спится, и вот они лежат в ковчеге в ожидании потопа и смотрят на запотевшие от кипятка окна.

* * *

В 16-м году ты получил стипендию в Лавиньи. Писательская резиденция расположилась в бывшем поместье издателя Хайнца Ледиг-Ровольта, расположенном над Моржем недалеко от Женевского озера. Пять-шесть авторов живут в старинном шато по месяцу на всем готовом и имеют возможность спокойно писать. За несколько лет до этого я тоже там был, работал над романом «Венерин волос», и ко мне в Лавиньи приходила Изабелла Юрьева, любимая певица моего отца, прожившая сто лет, весь русский нечеловеческий ХХ век, и говорившая в одном интервью, что у нее погиб ее единственный ребенок, мальчик, а в другом, что у нее погиб ее единственный ребенок, дочка. А ты работал над «Царством Агамемнона», и к тебе приходили Электра в старушечьем платке, продававшая свечки в церкви в Левшинском, и расстрелянный Гавриил Мясников, написавший трактат «Философия убийства, или Почему и как я убил Михаила Романова», и разговор сервантесского Россинанта и платоновской Пролетарской Силы из «Чевенгура».

Я жил и работал в комнате, где находилась огромная личная библиотека Ледиг-Ровольта. Мне нравилось сидеть с лэптопом в глубоких прохладных кожаных креслах, в которых хозяин беседовал с Набоковым, жившим неподалеку и часто навещавшим своего издателя и друга. Кресла делали глубокий бормотливый выдох, когда в них садились. Время от времени я испытывал ощущение присутствия, будто кто-то стоит за спиной, но объяснял себе это сотнями подписанных книг на полках. Непрочитанные книги мертвы, а прочитанные и, особенно, подписанные оживают. Книги, как собаки, ничего не знают о смерти, просто ждут возвращения хозяина.

Среди писателей, живших со мной в шато, был романист из Панамы, импозантный седокудрый кабальеро, все делавший неспеша и с достоинством. Мы как-то сидели с другими писателями на террасе, смотрели на закат над Леманом, пили Chasselas с местных виноградников в ожидании ужина, когда панамец выскочил к нам ошалелый, взъерошенный, с круглыми глазами и сбивчиво стал рассказывать, что открыл дверь из коридора в свою комнату и вдруг увидел, как кто-то стоит за столом и смотрит его записи. С испугу он захлопнул дверь, а когда снова открыл, никого в комнате уже не было. Наша хозяйка, внучка русского эмигранта из Санкт-Петербурга, уже ни слова не говорившая по-русски, воскликнула, хлопнув себя по коленкам: I´ve been waiting for that! Оказалось, что в шато обитают духи и являются каждому поколению стипендиатов.

Издатель купил этот замок в 70-х, чтобы провести в этом раю старость. Хайнц Ледиг-Ровольт умер в возрасте 84 лет во время путешествия по Индии. Его вдова Джейн провела после смерти мужа в Лавиньи в одиночестве полтора года, пока не покончила с собой. Она завещала дом фонду, который приглашал бы сюда писателей, но с условием ничего из обстановки не менять.

Панамский романист спал в той самой постели, в которой Джейн убила себя. В этой же комнате жил теперь и ты. Неизвестно, бродят ли по шато именно Ровольты, или призраки обитали в старинном здании уже до них. На мой вопрос о привидениях, ты ответил, что никто к тебе не являлся, а кровать бесконечно роскошна. Это было одно из твоих любимых словечек – бесконечно. Ничего удивительного нет в том, что твои герои распугали швейцарских духов. Ведь вместе с тобой в шато Лавиньи поселились и Агамемнон, царапающий как курица лапой доносы на собственную дочь, которые та прилежно переписывает для следователя, и чекист Жужгин, отмывающий руки, измазанные кровавым бельем великого князя Михаила. И вот эти строчки: «В людях накопилось чересчур много зла; чтобы нас отмолить, спасти, божий мир должен до краев наполниться благодатью. То есть необходимы тысячи тысяч новых святых и великомучеников. Государство, которое заставляет нас давать показания на будущих невинно убиенных, и мы, которые их даем, сообща творим эту искупительную жертву». Куда уж страшней?

Ты был счастлив, что снова работаешь, что роман пришел и «сам катится». После завершения каждой книги у тебя начинались депрессии – очень хорошо тебя понимаю. Помню, как ты жаловался, что пуст, как исчерпанный колодец, что без работы распадаешься на части, что разъедает тоска. А потом каждый раз колодец снова потихоньку наполнялся. И тогда снова все начиналось сначала.

Писать было для тебя жизнью. Ты не мог остановиться. Ты был бегуном, а твои романы были твоими кораблями. Ты бежал по жизни из одного в другой.

Поскольку ты все время сидел безвылазно в Лавиньи, мы с Женей решили свозить тебя в Сен-Пре. В тот день нам повезло – была видна вершина Монблана. Мы спустились на машине к Женевскому озеру. Леман всем своим видом показывал, что его озерная жизнь удалась. Чайки, лебеди, прозрачный плеск, колесный пароходик под швейцарским флагом. Далекий французский берег зарос солнечной дымкой, а над ней поднимались к небу Савойские Альпы, как комментарии к Библии.

Мы погуляли по набережной, побродили по городку. Во время первой мировой войны в Сен-Пре спасались Алексей Явленский с Марианной Веревкиной. Они тоже были бегунами. И кораблем друг для друга.

Ты играл с нашим сыном, Люшику было тогда три. Он тебя обожал, бегал за тобой, как хвостик. Вы носились друг за другом вокруг старинного фонтана, Люшик визжал от восторга, и ты сам лучился детством. Женя фотографировала вас. Мне кажется, это лучшие твои фотографии.

Ты уже носил в себе рак, но еще не знал об этом. А может знал, но ничего нам не сказал.

И я не мог тогда себе представить, что буду через два года обзванивать по просьбе Оли швейцарские клиники, выяснять, где делают CAR T CELL – еще совсем новую терапию. Выяснится, что в Швейцарии эту терапию предлагает только Университетская клиника в Лозанне. Но будет уже поздно.

Мы посидели в кафе, еще походили по средневековым вымершим улочкам.

Конечно, разговоры были о России, об Украине. Ты с горечью говорил о друзьях, с которыми прекратил общение после крымнаша.

Ты рассказывал, что по ощущению вернулась советская власть, которой ты никогда не мог простить миллионов загубленных, но больше всего ненавидел именно абсолютную бездарность этой власти, ее напыщенную фальшь. И вот эта бездарность и фальшь снова душили страну.

Народ, побродив по бездуховной пустыне и в кои веки наевшись досыта, благополучно вернулся в Египет.

Тебя называли русским Свифтом. Гулливеру не верили, пока он не достал из кармана лилипутскую корову. Твои романы казались историческими фантасмагориями, пока не стали убивать за русский мир.

Помню, что заговорили об Александре Гольдштейне. Ты, кажется, так его и не прочитал, а я убеждал тебя, что это гениальная проза. Вы были на противоположных полюсах литературы, но на одной оси.

Гольдштейн умер от рака, закончив за несколько дней до смерти роман. Ты рассказал, что точно так же получилось с твоим отцом. Машинопись своей последней прозы, своего лучшего романа «Смерть и воскрешение А.М. Бутова (Происшествие на Новом кладбище)», он получил за три дня до того, как его отвезли в больницу. Ты успел издать эту книгу до своей смерти. Это был твой долг перед отцом. Его воскрешение.

Никогда не забуду: мы уже замолчали, просто шли рядом, возвращались к парковке. И ты сказал:

– Вот так нужно это делать.

Вместо слова «умирать» ты сказал «делать». Ты так и сделал.

* * *

Наша последняя встреча была в Мюнхене, в августе 2017-го. Ты там лечился в онкологической клинике. По мейлам создавалось впечатление, что все хорошо и ты идешь на поправку. Вы сняли квартиру в двухэтажном домике в Pasing – это заснувший в своих садах, да так и не проснувшийся западный пригород Мюнхена.

Не то, чтобы я испугался. Это, конечно, был ты. Только переселился в кого-то чужого. От химиотерапии выпали все волосы. Я никогда не видел тебя без бороды. На большое грузное тело в конце длинной шеи присела старческая лысая головка. Мы обнялись.

Ты когда-то рассказывал, что сбрил бороду единственный раз в жизни еще в студенческие годы, проиграв ее своему профессору в шахматы. Ты говорил, что в бороде тебе уютно, тепло, что это одежда, пошитая именно на тебя, что у староверов это образ Бога, создавшего себе копию, а бреется идущий против Божьей природы сатана, и что вообще борода – дресс-код русского писателя. Думаю, что все было намного проще: тебе было не до бороды, просто хотелось избежать мороки с бритвами и порезами. Теперь ты проиграл бороду раку.

Вы рассказывали о лечении, клинике, лимфоме, химии, иммунотерапии, операции – предстояло извлечь кисту, это было осложнение после биопсии. Чем дольше я смотрел на тебя, тем больше проступал сквозь незнакомый облик тот родной человек, которого я знал и любил все эти годы, твоя улыбка, твоя ирония, твоя теплота, твой свет.

Когда говорил об «Агамемноне» ты возгорался, будто кто-то раздувал в тебе пламя, а когда речь снова заходила о врачах и обследованиях, затухал.

Стол накрыли в саду, на лужайке. Солнце нещадно палило, и мы устроились в тени огромной акации. Не знаю, откуда Оля смогла достать все это в Мюнхене, но стол, как всегда, ломился – и малосольные огурцы, и грибы, и салаты, и всякая всячина. Ты почти ничего не ел.

После обеда пошли гулять, рядом был огромный парк. Помню, что говорили о переводах.

Я всегда сравнивал роман с «Титаником», а перевод – с айсбергом. Тут никаких иллюзий быть не может. Дело переводчика – спасти то, что можно спасти.

Мне всегда милее переводы на какие-нибудь нечитаемые языки. Просто радостно, что есть еще одна книга еще в какой-то далекой стране. Я мог проверять переводы моих романов только на немецкий и английский. Травма, которой ты был, к счастью, лишен – видеть, сколько всего пропадает. И дело не в переводчике, а в несовпадении прошлого. Язык – это сумма всего, через что пришлось пройти поколениям. Можно перевести слова, но и лучший переводчик не может перевести прошлое. Как перевести читателя?

Любому переводчику непросто, а твоему и подавно. Помню наши разговоры в Оксфорде и Лондоне с Оливером Реди, твоим английским голосом. Оливер – блистательный переводчик, тонкий, знающий, опытный, влюбленный в твою прозу, жаловался мне на то, как трудно «втиснуть» тебя в ожидания англоязычного читателя. Например, он стоял перед задачей преодолеть иммунитет, отторгающий в Англии прямое говорение о Боге. Что еще простительно Толстому или Достоевскому, то не прощается современным авторам.

Выход здесь только один. Своими романами ты сумел создать себе своего русского читателя, так и переводчик должен суметь создать твоего читателя. Стать и бегуном, и кораблем. Русский чудовищный XX век, конечно, непереводим. Но переводимы и семья, и любовь, и смерть, и вера.

Ты ужасно радовался, что вышли, наконец, «Репетиции» в переводе Оливера, да еще с потрясающей обложкой Саши Смирнова, работы которого ты очень любил.

У тебя еще будет много переводов, не сомневаюсь. Ты только начинаешься.

К вечеру мы отправились в настоящий мюнхенский биргартен, тоже недалеко от вашего дома. Там к нам присоединился сбежавший от времени, загорелый, гениальный Сережа Соловьев, проживший несколько лет в Индии и счастливо оказавшийся в этот день в Мюнхене. Мы списались с ним накануне. Два дорогих для меня человека и писателя. Я рад, что успел вас познакомить.

Сережа без удержу рассказывал о своих приключениях в заповедных индийских джунглях, о встречах с тиграми, совместных бдениях со слонами, о тейяме. Это древний индуистский обряд, сохранившийся с языческих времен неизменным в деревнях, разбросанных в Керале на юге Индии. Этот магический спектакль на храмовых подворьях длится по 100 часов, с медиумами, в которых вселяется дух Шивы или Вишну, в фантастических костюмах с 5-метровыми в высоту головными уборами, и всё это происходит вокруг костров, в которые они потом бросаются, в прогоревшие тонны тамариндового дерева, в самый жар, без фокуса, плашмя, лицом и всем телом.

Казалось, что Сережа все это вдохновенно сочиняет, но он тут же показывал на своем смартфоне фото и видео: и слонов, и змей, и тейям, и людей, бросавшихся в пламя, и себя среди этого всего – счастливого, нездешнего.

Он звал нас всех в Индию. Ему казалось все таким простым – главное, наскрести денег на билет, а там уже все родное, привольное, настоящее, легкое. Он только вернулся, а уже снова мечтал о том своем мире. Индия стала его кораблем.

– Приедем, – говорили мы, – обязательно приедем!

И в тот момент действительно казалось, что обязательно приедем, будем пробираться с ним нелегально в самые дикие заповедники, дружить с егерями и тиграми, покупать по утрам свежую диковинную рыбу у рыбаков, ходить смотреть на костры тейяма. Ты оживился, загорелся, расспрашивал Сережу обо всем.

Мы переночевали в гостинице, и на следующее утро после завтрака поехали с Люшиком в обещанный зоопарк. Оттуда к вам, забрали тебя и отправились погулять в центр, Оля, не помню почему, с нами не поехала.

Оставили машину в паркхаусе и пошли бродить по городу. Ты быстро уставал, мы присаживались в ближайшем кафе. Раньше ты очень редко пересказывал романы, над которыми работал. Теперь же торопился рассказать героев, сюжетные линии, все путалось, ты путался. Ты сам это чувствовал, осекался. Принимался снова.

Ты боялся, что не успеешь закончить роман. Врачи тебя уверяли, что ты выздоравливаешь, но ты не верил. Знал, что времени осталось совсем немного. Только дописать.

Мы вышли на Marienplatz как раз к пяти. Толпы стояли и ждали, когда начнется знаменитый бой курантов на башне ратуши и начнется кукольное представление: герольды с трубами, герцоги и шуты, знаменосцы и оруженосцы, настоящий рыцарский турнир – один рыцарь выбивает другого из седла. Собственно, мы пришли туда из-за Илюшика, но на него все это особого впечатления не произвело, зато его нельзя было оторвать от живых скульптур, стоявших на площади чуть ли не рядами. Бронзовые, гипсовые, серебряные, бетонные, золотые. Чарли Чаплины, статуи свободы, ангелы, рок-звезды, ковбои, джинны, висящие в воздухе. Они замирали, превращались в памятники, иногда надолго, а услышав звяк брошенной мелочи, воскресали. Наш Илья их боялся. Ни за что не хотел подойти к ним и бросить монетку, прятался за нас.

Ты стоял и смотрел на все кругом откуда-то издалека.

Уже пора была ехать. Мы отвезли тебя домой в Pasing. Нам нужно было возвращаться. От Мюнхена до нас полтысячи километров, помноженных на пробки.

Прощаясь, говорили о планах, где и когда встретимся. Ты звал всех на Родос. Ты был там несколько раз, уверял, что нам понравится.

Вы вышли провожать нас. Мы сели в машину. Ты обнял Олю. Вы стояли посреди тихой пригородной улочки. Я смотрел в зеркальце, как вы махали нам и кричали:

– До встречи!

Вы удалялись, становились все меньше, дрожали в зеркальце. Так часто заканчиваются фильмы.

Это было 17 августа. День твоей будущей смерти.

Володя, до встречи!

ВМЕСТО ПРЕДИСЛОВИЯ

Мой Рагозин

> *...и Цинциннат пошел среди пыли и падших вещей, и трепетавших полотен, направляясь в ту сторону, где, судя по голосам, стояли существа, подобные ему.*
>
> В. Набоков, Приглашение на казнь

Предисловие – бестолковое слово, никакое. Здесь лучше подойдет – *предупреждение*. Лучше сразу предупредить читателя, что под этой обложкой его ожидает не совсем ожидаемое. Нет-нет, всё, что придумали поколения писателей для завлечения читателей – занимательные сюжеты, захватывающие истории, непредвиденные ситуации, в которые попадают сомневающиеся герои и решительные красавицы – все здесь присутствует, но...

Эта проза – загадка. Все блестяще, хлестко, ловко, каждая фраза отполирована, каждая словесная стрелочка отутюжена. Каждое предложение – выстрел. Проза-стрельба, огонь очередями. Игра виртуозна. Но правила ее не даются, ускользают. Как только читатель понимает, что он читает – попадает впросак.

Тексты Дмитрия Рагозина по-толстовски густо заселены персонажами, щедро одаренными яркими индивидуальными чертами, но от них по-набоковски мало тянет живым человечьим теплом. Проза эта насквозь пародийна, но сквозь страницы прорастает что-то новое, ни на что не похожее. Действие происходит в стране, где мучатся собой люди с узнаваемыми доморощенными фамилиями, но границы этой страны надмирны. Мир Рагозина полон осязаемых деталей, битком набит запахами, реален до рези в глазах, но неузнаваем. Полный набор известных мировых сюжетов в наличии, но они топчутся на месте. Традиционные литценности рассыпаются, превращаются в труху. В этой книге есть тайны, загадочные убийства, слежка, спасительное бегство через подземный ход, улики, мафия, но интересно совсем другое. Герои самозабвенно делают все, что принято делать героям – любят, изменяют, ревнуют, бьют, едят, разглагольствуют – смачно, изысканно, но с подвохом, нарушая закон жизненного притяжения, как выпадающие из окна старухи у Хармса. Это очень озорная проза. Но и озорство здесь особое, сокровенное.

Поможет ли биографическая справка? Вряд ли. Писатель – скромный библиотекарь, живущий, скорее в своих текстах, чем в реальной Москве на рубеже тысячелетий. И эти тексты выдают главное – автор обладает абсолютным литературным слухом. И еще он играет с читателем на равных, без поддавков, уважая его читательское достоинство. Не подставляясь, но и безжалостно забирая с доски то, что читатель профукал.

Если отправиться на поиски истоков, то родник этой прозы, похоже, не столько в славянском переводе первокниги, сколько в письменности как таковой. Закупоренный аромат кириллицы выдувается сквозняком мировой культуры.

Родные и близкие? Из соязычников – Андрей Белый. Его ощущение слова. Вообще, Рагозину родственен весь Серебряный век, вся культура того времени и прежде всего «Мир искусства» с его маскарадной попыткой убежать от пошлой реальности. В добычинский город Н из прозы Рагозина ходят электрички. Оттуда стремление к лаконизму, скудости фразы и прерывистости. Хармс, Введенский, Вагинов вглядываются в читателя между строк. Само собой разумеется, в затылок каждого текста дышит Набоков, особенно поздний – "Pale fire" и «Ada». Понятно, не в смысле стиля, а как образец построения многосложной книги.

Раз перешли к родственникам за рубежом, то, безусловно, Джойс. Не столько как кладезь приемов, растасканных уже при жизни великого слепца, сколько его бескомпромиссное отношение к слову, к литературе. На рабочем столе – "Finnegans Wake", на ночном столике – «Надя» Бретона. Эта проза прошла дорогу, на которую не пустили в XX веке русскую литературу, впитала в себя достижения классиков сюрреализма, абсурда. Если взять писателя Хромова, сочиняющего роман «Дочь гипнотизера», и сделать анализ на отцовство, то к кому приведет тест? Не удивлюсь, что не к Тригорину, негласному отцу русских бумажных литераторов, а к пишущему по-французски венгерцу Фердинанду из «Весны в Фиальте»: «В начале его поприща еще можно было сквозь расписные окна его поразительной прозы различить какой-то сад, какое-то сонно-знакомое расположение деревьев... но с каждым годом роспись становилась все гуще, розовость и лиловизна все грознее; и теперь уже ничего не видно через это страшное драгоценное стекло, и кажется, что если разбить его, то одна лишь ударит в душу черная и совершенно пустая ночь».

* * *

Первую публикацию Рагозина («Поле боя» вышло в журнале «Знамя» в 2000 году) озадаченные рецензенты встретили робким восторгом. Повесть даже получила премию «Дебют года». Боюсь, что критики ухватились за доступную им актуальность. На прозе Рагозина был поставлен штамп «антивоенная притча». «Держат нас за скотов. Гонят на забой... Надо родиться таким шалопаем в погонах, чтобы хохотать над донесением бледного, забрызганного грязью и кровью связного. У них что ни день, то праздник, а битва почитай что маскарад с конфетти и серпантином». Свою роль сыграла отечественная болезнь восприятия – видеть во всем антирежимный кукиш в кармане – и если речь идет о войне, то это непременно злободневный намек. Тем более, что «Поле боя» вроде бы зиждится на мощной культурной традиции описания войны смехуечками и герой повести шагает в ногу с Симплициссимусом, Швейком, Чонкиным, Ибановыми. «...Держаться на удалении от смрадных алтарей отечества. Еще в казарме я подумывал о том, чтобы при первой опасности зарыться головой в суглинок и дышать через полую тростинку, пока наверху не умолкнет топот сапог». Это увело внимание в сторону от главного, от рагозинской поэтики.

Через год после дебютного успеха в том же «Знамени» появился роман «Дочь гипнотизера». Рагозинская проза в чистом виде. Рецензенты, прикрываясь друг другом, признались, что смотрели в книгу, но ничего не поняли. Что ж, в истории литературы такое случалось.

* * *

Проза Рагозина – это тотальная пародия на литературное сознание. Таковое – как в наивных мифологиях – допускает возможность акта космотворения. Литература создает осмысленное прирученное пространство – недоступное «подлой яви». Набоковское «Литература не говорит правду, а придумывает».

Литература подразумевает присутствие на Таинственном острове капитана Немо, который за всем следит, поможет и спасет. Реальность оставит остров безымянным, а скрежет зубовный его околевших обитателей растворит в космосе бесследно, как это случилось с тысячами поколений быстрорастворимого человечества.

Литература – это маскарад, где словам надевают маску реальности. Этих лицедеев нанимают играть другой лучший из миров. Ряженые устраивают имитацию белкового существования, жизнь и смерть понарошку. А читателю протягивается маска читателя, минутного участника иллюзии, приглашение на казнь смерти.

Тексты Рагозина – это пародия на литературу, претендующую на создание мира, отображающего реальность, но являющегося грубой подделкой, ложью по существу – потому что в нем есть начало, сюжет, победа добра над злом, слово «конец» в конце концов. Литераторы на своей кухне тщательно ощипывают реальность и готовят ее с начинкой из смысла, чтобы все ужасы оказались рассказом у камина.

Реальность абсурдна уже потому, что цена жизни – грош, люди – дешевка, их можно бросить на смерть в Афганистан, можно в Чечню, можно в Ирак. «Вот и усыпана вся земля вокруг талисманами, амулетами, крестами, ладанками да иконками. На судьбу-злодейку надейся, а сам не плошай – и ворон выклевывает глаза, самое вкусное». В реальности герои обречены на обман. Если не оболгали их подвиг и не надсмеялись над ним при жизни – надругаются потомки над памятником. Все битвы оболганы и потому проиграны, независимо от исхода.

В текстах Рагозина много абсурдного, но это пародия на литературу абсурда, которая является лишь логическим продолжением реалистического искусства, возомнившего себя сиамским близнецом действительности. Разве не реалистичен рассказ о превращении человека в насекомое? Конечно, сожители неприятно удивились, что родственник в соседней комнате потерял человеческое обличие, но смирились – жить-то надо как-то дальше, жизнь продолжается. Что страшного в том, что на каком-то листке бумаги человек превращается в нелюдь? Тут сама реальность превращается из человеческой в насекомую. Обрастание хитиновым покровом становится не метафорой, но условием выживания. Иначе загрызут. «Прежде трусливый и грустный, он бы теперь перегрыз горло всякому, кто встал бы на его пути. Зря, что ли, я всю жизнь тянул лямку, горбатился?»

Мы присутствуем при изысканной порке. Литературе задирается подол и хорошенько достается обнажившимся правилам, по которым пишутся книги. Автор издевается не над разлученными любовниками, но над непреложными законом сюжетостроения, гласящим, что любовников нужно разлучать. Все, что обычно тщательно маскируется, припудривается – здесь доводится до гротеска. То, что в литературе выдается за ноги – здесь оказывается протезами, на которых пускаются в пляс. Танец от этого не становится менее виртуозным, наоборот.

У живущих нет читателя. Зато литературные герои обречены на пристальное внимание, избалованы им. Рагозинский литератор Хромов сокрушается: «Мастерство писателя определяется умением создать героя, которому читатель не захотел бы сочувствовать и сопереживать. Увы, это почти невозможно. Какого злодея, какого зануду ни выведи, какую ничтожную душонку ни опиши, читатель все равно в конце концов проникнется симпатией и с неприязнью встретит любую попытку автора избавить мир от своего злополучного создания, хотя бы отправив его в путешествие на планету в созвездии Близнецов». На страницах водят карнавальный хоровод все эти Уховы, Горловы, Носовы, Авроры, Сапфиры, Раи, Розы. И как пародиен литературный маскарад героев – так пародийны все сюжеты, ходы, истории.

Это напоминает конструкции скульптора Жана Тэнгеле. У его механических монстров все, как у настоящих полезных машин – рычаги, шестеренки, моторы. Машины эти ухают, пыхают, стучат, гремят. Вертятся колеса, двигаются рычаги – но вся это рьяно работающая груда железа не делает ничего из того, что должна делать машина. Это не механизм, а тотальная пародия на цивилизацию, претендующую на осмысленность. Эта машина в привычном понимании не делает ничего. Она делает просто искусство. Все литературные приемы в текстах Рагозина яростно не делают то, для чего придуманы. Слова делают просто прозу.

Еще это пародия на литературную гордыню, претендующую на соперничество с Богом в создании живого мира, пародия на образ авторарассказчика, на этого демиурга-всезнайку. Пародия на сознание, предполагающее возможность «я». Написавший о себе «я» – надевает маску, литературное первое лицо сразу начинает строить образ первого лица. «Важно не то, каким меня представляют другие, а то, каким я представляю себя. Без этого маскарада никакое творчество невозможно. Голый писатель – нонсенс!»

* * *

Если это притчи, то об искусстве, о соотношении реальности и слова, бумаги и смерти. О невозможности умереть в тексте. И наоборот – «по законам военного быта невыразимое в словах подлежит уничтожению».

Смерть на странице, бумажная кончина – пропуск в литвечность. Все эти приглашенные на казнь иваны ильичи, офелии, месье бовари, мисюси, цинцинаты спасутся, в отличие от автора и его читателей.

Не подлежат тлению по своей природе сами записанные слова, а не только надетые на них маски.

«И в конце портретной галереи ждет маска смерти». Сама смерть в литературе – только маска смерти.

Притча разрушает себя, потому что путник, мытарь, блудница, смоковница вдруг начинают осознавать себя тем, кто они есть – словами. Словесная материя выходит на уровень самоосознания, рождается *verba sapiens*.

Разрушить маскарад – снять маску. У Рагозина слова снимают с себя маски. Маску героя. Маску описания природы. Маску диалога. Маску рассказываемой истории. Слова перестают притворяться персонажами, пейзажами, диалогами, повествуемой историей, потому что живые, они сами по себе являются героями, природой, речью, историей. Так в опере отпадают за ненадобностью затейливые декорации, хитроумные сюжеты – и остается голос. Освобожденный от оков фабулы голос и есть само искусство.

Фальшивое литературное пространство распадается, происходит саморазрушение нарративной лжи, упраздняется все надуманное, искусственное, идут поиски настоящего и текст разлагается на первосущное, неразложимое.

«Открылась дверь-тварь». Тварный мир, где живые твари – слова, фразы, детали. Подлинность детали делает ее на мгновение истиной, правдой, мимолетной реальностью. Реальны не придуманные фигуры, а сами слова. Настоящие персонажи прозы Рагозина – мимолетности, из которых и состоит плоть непреходящего. Мимолетности – и есть те неразложимые первосущные элементы рагозинской прозы, главные герои, бессмертные живые существа, которые живут именно там, куда ушел от игрушечного палача набоковский Цинцинат.

Тайна не в том, как погибла Ляля, героиня «Тройного прыжка», «по заключению компетентной комиссии, под воздействием гравитации не справившись с туловищем», а в рождении тварей-слов.

* * *

«Есть на поле боя подвижные островки тишины, циник скажет – *проруби*. Их невозможно предвидеть, их не опознать со стороны. Попадаешь в них внезапно и безрассудно. Кругом немой вихрь разящих всадников и распоротых пехотинцев, беззвучно моросят стрелы, дрожит тетива, кони встают на дыбы, разевая пасть, – ты не слышишь ничего, кроме тонкого мелодичного перезвона. Это длится не дольше минуты».

«Извини, – сказал он, улыбаясь, – я вспомнил, как мы с тобой искали в парке сокровища и нашли в овраге, под прелой листвой, одноногий манекен, у которого из всех дыр текла вода».

«Чуть поодаль группа юных гимнасток в розовых трико изогнулась в сострадании, как веточки коралла».

«Кувшин с фруктовой водой, ходя по кругу, возвращал себе прозрачность и пустоту, как стихотворение, произнесенное много раз подряд».

«Раструб вьюнка проглотил пчелу, но, поперхнувшись, выплюнул».

«Часовые встречают зарю криком "стой, кто идет!"»

«Из дыры мохнатого тапочка лезет, как подосиновик, большой палец с накрашенным ногтем».

«Рассказывают, что порой буря выбрасывает на берег целые миниатюрные города с зубчатыми стенами, домами, ажурными башнями, узкими мощеными улицами, людьми, перебегающими от двери к двери, с повозками, гружеными мукой и пряностями. Но такие города недолговечны, они исчезают, расползаются, простояв на солнце не больше четверти часа».

«Тропинин сел за пишущую машинку, но зависнувшее, недоведенное слово так и осталось в тот день висеть, беспомощно шевеля лапками бледно пропечатанных букв».

«Я тоже любила, как все девочки, лепить из глины фигурки людей. Я не пыталась придать им сходство с живыми людьми, с детьми, которых я встречала на улице, со взрослыми, приходившими к нам в дом, но с неимоверным для ребенка упорством я добивалась того, чтобы каждая фигурка отличалась от всех других. Когда мне казалось, что фигурка вылеплена, я клала ее в коробочку и зарывала у нас в саду. Но не подумай, что таким образом я их хоронила. Мне казалось, что в земле, под землей им приятнее. Они там жили, питались корешками, червяками, ходили друг к другу в гости, думали обо мне...»

Если Бог творит мир в каждый миг настоящего, то задача писателя – уловить этот миг сотворения мира, этот трепет. Как написал когда-то Леонид Липавский: «Никто никогда не жил ни для себя, ни для других, а все жили для трепета». Этот трепет слов останется, когда пройдет заоконье.

«Как известно, на поле боя не умирают, а приобщаются к бессмертию, получив повестку на пир богов».

* * *

Ну вот, предупрежденный читатель, пора и в путь, в мир рагозинских мимолетностей!

А на посошок – прямая речь. Это слова писателя при вручении ему премии за первую повесть:

«Уже после того, как "Поле боя" было написано, я напал на фразу, которая могла бы стать эпиграфом: "On parle beaucoup de batailles dans le monde sans savoir ce que c'est. J.de Meistre". – «В свете много говорят о битвах, не зная, что это такое». Между «говорить» и «писать» есть разница, но и светское словопрение, и уединенное словотворчество в равной степени имеют своим предметом незнание. Писать можно только о том, чего не знаешь. Это всегда риск свалять дурака, потерпеть поражение и, в конечном итоге, как худшее наказание, выйти из игры. В моем, частном понимании, литература – это поле боя, где «поле» – край, по которому рассеянная рука сосредоточенного воображения выводит порой зловещие виньетки, порой шутливые гримасы. Литература стоит на стреме в неприличной близости на приличном расстоянии. Реальность, которая не Бог весть что».

МОЛЧАНИЕ НАОТМАШЬ

Вместо послесловия

Всю жизнь я чувствовал под ногами твердую почву, и это была русская культура. Сейчас под ногами пустота.

Мадам де Сталь походя заметила: "Le silence russe est tout à fait extraordinaire: ce silence porte uniquement sur ce qui leur inspire un vif intérêt" («Особенно удивительно молчание русских: умалчивают они именно о том, что их живо интересует»).

Осенью 14-го года я прилетел на книжную ярмарку в Красноярск. Огромный праздник литературы. Выглядело все, как во Франкфурте. Так и должно быть в XXI веке – мировая культура располагается в Сибири, как дома.

В тот год на моих выступлениях в Европе все вопросы и разговоры были о войне. На книжной ярмарке в России говорили о чем угодно, только не о войне. Всех страшно интересовал новый путеводитель по Древнему Риму. Кажется, я был единственный, кто говорил со сцены о наступившей катастрофе.

Это молчание было унизительно. Унизительно для всех: и писателей, и читателей. Это было последней каплей. Я не хотел больше возвращаться в это унижение.

За годы войны молчание стало оглушительным, после 24 февраля – нестерпимым.

Лавина слов не прекращается: книжные ярмарки, «яблочно-книжные фестивали», презентации новых путеводителей по античному Риму, выпуски толстых литературных журналов, делающих вид, что все ОК, курсы «Теории и практики литературного мастерства», workshop'ы для молодых писателей на актуальные темы: «Как строить сюжет», «Конфликт, герои, стиль». Лавина молчания. Молчание хором. Все это один большой мастер-класс для русской культуры по молчанию.

Громкое говорение не о том – молчание наотмашь.

Молчание во спасение? Русская литература не спасла от ГУЛАГа, но помогала выжить в стране-ГУЛАГе. И вот снова спешит на помощь.

Цитата из фейсбука одного известного автора, выступающего на встречах с читателями в России: «Публика на встречах – благодарная, ласковая, внимательная (от слова "внимать"). И вот еще что: год назад любое слово да даже звук о том, что творится вокруг, вызывало бурную благодарность. Спасибо, спасибо, что говоришь! Последнее время всё наоборот: спасибо, что не говоришь! Все уже всё знают. Поняли. И устали. Чем дальше от того, что и так окружает, тем лучше. Отвлечься и выдохнуть, хоть ненадолго».

Молчание как способ выживания, молчание как воздух для дыхания.

* * *

Время и исторические обстоятельства меняют вкусовые рецепторы. Когда-то в юности русская классика не давала захлебнуться в совковой лжи. Книги на полках те же, рифмы не распускают объятий, буквы не разбежались, но слова означают что-то совсем другое, имеют другой вкус. Пытаюсь перечитывать любимых поэтов золотого века, а они все нафаршированы патриотической блевотиной.

Мы не можем не нести в себе следы державы, в которой выросли. Мы все, кто родился от Москвы до самых до окраин, родились и выросли в тысячелетней империи, и даже если мы ненавидим ее, мы дышали ее воздухом. И когда мы говорим о русской «имперскости», «колониальности», это звучит даже комплиментарно для этого бесконечного кровавого болота, ведь ставит нас в один ряд с Британской империей. Нужно осознавать, что страна и в XXI веке живет по закону Золотой орды: сверху пирамиды хан, внизу его рабы, без права голоса и собственности. И единственный смысл и идеология этого общественного устройства – сама власть и борьба за власть, а необходимое и достаточное условие существования – насилие.

Этот образ жизни огромной страны нельзя отменить никаким декретом, как нельзя отменить язык.

На протяжении жизни поколений тюремная действительность вырабатывала тюремное поведение. С волками жить – по волчьи выть. Это выражалось в языке, который призван был обслуживать русскую жизнь, поддерживая ее в состоянии постоянной, бесконечной войны и со всем миром, и с самими собой. Когда все живут по законам лагеря, то задача языка – война каждого с каждым. Если сильный обязательно должен побить слабого, задача языка – сделать это словесно. Унизить, оскорбить, отнять пайку, опустить. Язык как форма неуважения к личности. Язык как средство уничтожения человеческого достоинства. Такого вербального оружия, как мат, нет ни в одной другой «империи». На этом языке, выражающем суть русской жизни, говорит тысячу лет и власть, и население. А язык русской литературы – это иностранная нашлепка на теле языка рабской пирамиды, которая появилась в XVIII веке, когда колонисты с Запада принесли с собой нездешние понятия: Liberté, Égalité, Fraternité.

Давно отмечено, что российская власть подобна царю Мидасу: как античный царь превращал в золото все, к чему прикасался, так все, чего она касается, превращается в дерьмо и кровь. Они протягивают свои пальцы ко всему. Они хотят использовать Толстого, Рахманинова, Бродского. Они устраивают поклонение умершим, зная, что те не могут ответить, и им кажется, что отсвет классиков падает в этом случае и на них, на путинский режим, на их СВО.

Не сомневаюсь, Толстой послал бы бандитское лжегосударство на… и потребовал, чтобы по всей стране в каждой школе в кабинете литературы висели над классной доской вместо его портрета слова: «Патриотизм – это рабство!» Рахманинов сейчас бы давал благотворительные концерты в пользу раненых украинских детей. Бродский покаялся бы за свою позорную «брехню Тараса» и лекциями собирал по всему миру деньги на ВСУ.

А вот Достоевский, боюсь, с его православной всечеловечностью был бы ведущим на канале «Царьград».

* * *

После 24 февраля на протесты выходили лишь одиночки. Где теперь эти отчаянные прекрасные люди, вышедшие защитить собою достоинство своего народа и своей страны? В тюрьме или бежали. Народ безмолвствовал. Стратегия выживания поколений – молчание. Западные эксперты по России объясняли это страхом.

Потом объявили мобилизацию, и мир недоумевал, видя, как сотни тысяч русских послушно идут на войну убивать украинцев и быть убитыми. Это уже не имеет ничего общего со стратегией выживания. Глубже, страшнее.

Хотят ли русские войны? Спросите у мобиков, которые бунтуют из-за того, что снарядный голод замучил – «нечем хохлов ебашить».

Население России заражено племенным сознанием. Эта детская болезнь человечества лечится просвещением. В современной цивилизации племя сменилось индивидом, в основе общества стоит личность. Я сам несу ответственность за главное решение в жизни, что есть добро, а что – зло. И если моя страна, мой народ творят зло, значит, я буду против моей страны и моего народа.

В племенном сознании отсутствует само понятие личной ответственности за выбор добра и зла. Родина-мать зовет! Сознание племени, окруженного врагами, всегда старался укреплять любой русский режим от «самодержавия, православия, народности» до «Славы КПСС!» и «крымнаша».

В отечественной политической жизни есть только два времени года: порядок и смута. Народная мудрость поколений: если порядок, значит, царь настоящий, если смута – нет.

Победителя не выбирают. Сила – единственная русская легитимность. Проиграл Чеченскую войну – Борька-алкоголик. Выиграл – царь в Кремле. Присоединил Крым – «есть Путин, есть Россия». Не одолел «киевских нациков» – карлик в бункере за километровым столом.

Россия занимает территорию, на которой историческое время остановилось. Страна никак не может выбраться из прошлого в настоящее, изменение календаря тут не помогло.

Невзятие Киева, отсутствие победы в украинской войне – внятный знак: царь ненастоящий.

Страна замерла, когда танкам Пригожина оставалось до Москвы 400 километров, 300, 200… Вагнеровцев встречали в «освобожденном» Ростове цветами и мороженым. У него было все для того, чтобы объявить себя новым царем: сила, которой никто не пытался даже противостоять. Он был свой плоть от плоти: источал привычный русскому носу запах тюрьмы, из него изливалась родная речь. А главное, он был единственным из путинских «генералов» с пусть и маленькой, но победой в кармане.

Россия готова для нового царя, но новый царь еще не готов для России.

* * *

Увы, никто в Москву на «Абрамсе» не приедет.

В историческом смысле Германии повезло, что полковник Штауффенберг не взорвал Гитлера. Денацификацию проводили не гестаповцы, а оккупационные власти.

Натовские комендатуры не будут развешивать по городам российской глубинки плакаты с убитыми украинскими детьми: «Это ваша вина, это вина вашего города», как это делали американцы в послевоенной Германии. На русской карте не найти Нюрнберга. Не будет русского национального покаяния. Постпутины не встанут на колени в Буче, Мариуполе, Праге, Будапеште, Вильнюсе, Тбилиси. Не царское это дело.

Соответственно, не будет и плана Маршалла. Зато будет handshake с первым же кремлевским властителем, который пообещает Западу контроль над ржавым ядерным арсеналом.

После одного предвыборного выступления Навального к нему подошел кто-то и сказал: «Алексей, мне нравится, что вы говорите, и вы сами мне нравитесь. Но сначала станьте президентом, и тогда я за вас проголосую».

Чтобы ввести демократию в России, нужно сперва стать царем. Но стать царем – это значит стать царем. Актер играет роль, но не может ее изменить.

Для культуры на обозримое будущее РФ превратилась в зону радиоактивного заражения.

Ректоры университетов, директора музеев и библиотек, режиссеры театров и кино, открыто выступив с поддержкой СВО, сделали себя военными преступниками. Но им можно не переживать. Люстрации не будет, а в наказание на Страшном суде они не верят. Разумеется, поддерживая войну, они спасали свои музеи, библиотеки, театры. «Поцелуй злодею ручку, да плюнь». Предавая себя, чтобы спасти театр, режиссер не сможет потом делать в театре то, к чему призван. Предательством нельзя спасти ни себя, ни театр.

Культура – это форма существования человеческого достоинства.

Можно отмыться от грязи и пота, но как отмыться от молчания? Где грань между молчанием во спасение и подлостью?

Полураспад стронция длится 28 лет, цезия – 30 лет. Сколько длится полураспад подлости?

* * *

Путинская война идет и против Украины, и против России. Культуру уничтожают. Страну уничтожают. Народ безмолвствует и привычно кладет голову на плаху со вздохом, что царю видней. Молчанию можно противопоставить только слово. Свободное слово – это уже акт сопротивления. В России можно или петь патриотические песни или молчать. Или эмигрировать. Эмиграция – это акт сопротивления.

Но и свободное русское слово, которое противостоит тюремной державе, дышало ее воздухом. Необходимо выдохнуть из легких воздух, пропитанный испарениями рабских поколений. Нужно освобождаться от последышей империи в себе. Слова – это безотказная система распознавания «свой-чужой». «На Украине», «великая русская литература», «Прибалтика». Нужно выхаркивать из себя империю, как словесную слизь.

Может ли русская культура существовать вне территории? От эмиграции вековой давности нас отличает возможность пользоваться высокими технологиями. Я всегда думаю, каким потерянным, каким отрезанным от центров русской эмиграции – от Берлина, от Парижа – ощущал себя какой-нибудь литературный кружок в Харбине. А сейчас ты едешь в поезде в любой точке земного шара и при наличии Wi-Fi находишься в центре русской культуры. Может быть, это шанс появиться «прекрасной России будущего», в которой есть Чехов и Рахманинов, но нет ни Путина, ни Пригожина. Эта страна находится в виртуальном мире. И возможно, что оффлайн она в принципе не может существовать.

Моя Россия – это страна, объявившая независимость от державного сапога.

Для этой страны не нужна легализация, не нужны паспорта. Она легитимна дыханием человека, который живет русской культурой. Столица русской культуры везде там, где мы, ее носители, потребители, создатели. По всему миру.

Но сколько может жить язык в эмиграции? У нас есть опыт послереволюционного исхода: дети еще говорили по-русски, внуки – нет. У нас есть собственный опыт: дети с нами еще говорят по-русски, но будут ли внуки? Русских не хватает даже на третье поколение.

У русской эмиграции нет основы, которая позволила евреям сохранить себя в течение тысячелетий. У евреев есть язык и Бог. У русских – только язык.

Значит, слависты будут изучать литературу на мертвом языке, как латинисты?

Население нашей исторической родины всегда будет производить родную речь, как кашу из волшебного горшочка, и никто не крикнет ему: «Не вари!» Приток свежей словесной крови из России не прекратится. В советской жиже завелись Бродский, Саша Соколов, Владимир Шаров. Как река находит себе русло, так язык всегда найдет себе поэта.

Русская культура – для чего?

Вернуть достоинство русской литературе сможет только текст. Текст-искупление. И он должен быть написан не эмигрантом, а тем, кто сидел в окопе в Украине и задавал себе вопросы: кто я? Что я здесь делаю? Зачем эта война? Почему мы, русские, – фашисты?

Будет ли этот текст написан?

Бог весть.

Текст о Гончарове впервые опубликован в сборнике «Литературная матрица т.1», Лимбус Пресс, 2010.

Эссе «Бегун и корабль» – «Кольта», 2018.

Предисловие к сборнику Дмитрия Рагозина – «Дочь гипнотизера», НЛО, 2007.

«Молчание наотмашь» – «Радио Свобода», 2023.

Остальные эссе написаны и опубликованы по-немецки. На русском языке в авторском переводе публикуются впервые.

https://babook.org/

Отпечатано в Латвии